JN059532

これだけは知っておきたい

キャリア支援者の法律ガイドQ&A25

日本キャリア法務協会理事長
弁護士・キャリアコンサルタント
山田英樹
Hideki Yamada

中央経済社

は じ め に

　「キャリア」（Career）とは，元々，中世ラテン語に起因する「わだち
の跡」や「決められた道筋」を指す言葉でした。

　現在では，職業上の履歴や経歴（Work Career），ひいては，人生の生
き方全般（Life Career）を指す言葉として使われています。

　産業構造の変化，技術革新スピードの加速といった社会の変化は，個
人の人生設計，すなわちキャリアについて，課題を増やし続けています。
そして，キャリアコンサルタントをはじめとするキャリア支援者の役割
は，より大きなものとなり続けています。

　さて，「キャリアコンサルタント」資格に関しては，2016年に職業能
力開発促進法が改正され，国家資格となりました。時代のニーズに合わ
せ，2024年までに10万人を養成するとの数値目標が立てられています。

　しかし，国家資格となり，守秘義務といった法律上の義務を負うこと
となった一方で，その養成課程において法律を学ぶ機会はほとんどあり
ません。

　また，キャリア相談業務においては，法律問題，または，法律的な面
に関しても支援を必要とする事例に遭遇することは少なくありません。
しかし，日々の仕事に忙しい中，たくさんの書籍を読んで法律を勉強す
るのは至難の業です。

　本書は，法律上の義務を負いながら，法律を学ぶ機会があまり多くな
いキャリアコンサルタントが，自分の身を守りながら仕事をしていくた
め，また，法律家による支援も必要な相談者に出会ったキャリア支援者

ii

が法律家へのリファーを適切に行うため，必要な法律知識を提供することを意図して執筆しました。キャリアコンサルタントをはじめとするキャリア支援者が遭遇するあらゆるケース（事案）を想定して1冊にまとめています。

　本書が，1人でも多くのキャリアコンサルタントをはじめとするキャリア支援者のお手元に届き，リファーの場面等，日々の業務に役立てていただけることを祈念します。

　最後に，今回本書のような異なる分野を架橋する視点の書物を執筆できたのは，学部生時代の恩師，今泉和彦先生（医学博士・早稲田大学名誉教授）のご指導の賜物です。また，修習同期で同クラスとなり，弁護士登録してからの1年を共に歩んだ高橋隆太先生にも，弁護士として大きな刺激を受けました。両先生に，この場をお借りして深謝いたします。

　令和4年秋

一般社団法人日本キャリア法務協会理事長

弁護士・キャリアコンサルタント　　**山田　英樹**

CONTENTS

はじめに　i

序　章　なぜキャリア支援者に法律知識が 必要なのか ───── 1

Q1 キャリア支援をしていると法律が絡んだ案件に遭遇します。リファーの必要性をどう判断すべきでしょうか？／2

Q2 相談者から「訴えてやる！」と脅されたという話を聞きました。キャリア支援者はどのような法的リスクを負うのでしょうか？／4

Q3 キャリアの専門家として，どの程度法律を知ればよいでしょうか？／7

Q4 法律家にリファーするとどのようなことになるのでしょうか？／9

　法律のいろは①　条文の読み方にはルールがある！／14

第1章　キャリア支援者が知っておきたい 労働に関する法律 ───── 17

Q5 「正社員になりたい」と言う相談者。そもそも雇用形態にはどのような種類があるのでしょうか？　**正規・非正規・派遣**／18

Q6 育休後，降格となった相談者。マタハラに当たりますか？ **マタハラ**／25

Q7 会社でのセクハラ・パワハラが原因で転身を考えている相談者。泣き寝入りするしかないのでしょうか？
パワハラ・セクハラ／32

Q8 長時間勤務から体調不良になったため転職をしたいという相談者。法律上会社に問題があるように思うのですが？
労働基準法　働き方改革関連法／43

Q9 解雇されてしまったので就職先を探している相談者。不当な解雇を受け入れるしかないのでしょうか？
解雇無効　労働審判／49

法律のいろは② 知っておきたい法律の種類（公法と私法）／53

第2章　キャリア支援者が知っておきたい
離婚に関する法律―――― 55

Q10 離婚して就職を希望する専業主婦歴15年の相談者。非常に焦っているようですが，元夫から金銭的支援を受けられないのでしょうか？　婚姻費用　養育費　財産分与／56

Q11 Webデザインを学ぶため学校に通いたいと希望するシングルマザーの相談者。元夫の養育費不払いを取り立てることができるでしょうか？　養育費の強制執行／60

Q12 スクールカウンセラーをしています。学校から生徒の保護者の親権にかかわる相談を受けたのですが…　親権／63

法律のいろは③ 三権分立ってどういうこと？／68

第3章　キャリア支援者が知っておきたい
借金に関する法律──────── 71

Q13　非常に困窮し，住所を持たない相談者。このままでは就職活動も
厳しそうだと思うのですが…
生活保護　破産　法テラス ／72

Q14　「今の仕事に不満はないがとにかく給料の額を上げたい」という
多重債務者である相談者。家を手放さずに法的支援を受けられる
でしょうか？　民事再生　住宅資金条項付個人再生 ／76

Q15　買い物依存症で借金を抱えてしまった相談者。職場に知られずに
借金を整理する方法はありますか？　任意整理 ／81

法律のいろは④　民法ってどんな法律？／85

第4章　キャリア支援者が知っておきたい
自分を守る法律──────── 89

Q16　キャリアコンサルタントの守秘義務違反には，どのような処分が
あるのでしょうか？　守秘義務違反の法的効果 ／90

Q17　「転職活動が上手くいかないのはキャリアコンサルタントのせい」
と，SNSで誹謗中傷を受けました。どのような法的措置があります
か？　IT分野と損害賠償 ／97

Q18　雇用契約を結んで仕事をしたのに「ボランティアだと思ってい
た」と支払いがありません。賃金未払いにどのような法的措置が
とれますか？　賃金に関する諸問題　最低賃金法 ／102

Q19　友人に貸したお金が返ってきません。どのような法的措置がとれ
ますか？　債権回収（債権名義・保全・執行） ／107

法律のいろは⑤　時効ってなに？／114

第5章　キャリア支援者が知っておきたい
その他の法律―――――――――― 117

Q20　キャリアコンサルタントとして会社起業を考えています。どのような法人を設立すればよいでしょうか？
　　　法人とは・会社の種類／118

Q21　企業内キャリアコンサルタントです。「コンプライアンス」とは，どのようなものでしょうか？
　　　コンプライアンス／122

Q22　企業内キャリアコンサルタントです。他社の個人情報漏洩事件を受け，情報管理の担当者に指名されたのですが…
　　　情報に関する諸問題／125

Q23　寮付きの転職先を探す相談者。同居の恋人による暴力で困っているようなのですが…　**DV防止法**／130

Q24　転職のストレスで児童虐待？　相談者の子どもの腕に大きなアザがあるのが気にかかります…　**児童虐待と守秘義務**／134

Q25　フリーでキャリアコンサルタントをしています。業務委託契約書とは，どのようなものでしょうか？　**契約書**／139

索引／150

なぜキャリア支援者に法律知識が必要なのか

Q1 キャリア支援をしていると法律が絡んだ案件に遭遇します。リファーの必要性をどう判断すべきでしょうか？

キャリア支援者

> キャリアコンサルタントの資格を取得し，キャリア支援者として相談業務をしています。労働問題や離婚，債務の話など，法律が絡んでいる案件があります。資格の勉強では法律はあまり出てこなかったこともあり，困っています。

山田弁護士

> 私も，弁護士・キャリアコンサルタントとしてキャリア相談を受けることもありますが，弁護士としての知識が必要な内容であることがよくあります。
> 法律を深く勉強する必要はありませんが，少しの法律知識で，相談者の問題を早期解決に導けることがあります。法律的な問題が片付くことで，より充実したキャリア支援につながることもあります。本書では，法律家へのリファーを前提として，知っておいてほしい知識に絞って解説します。

① キャリア支援者の役割は加速度的に大きく

　キャリア支援者は，面談等を通じて，相談者の就職，転職といった職業の選択を支援するだけではなく，相談者が「なりたい自分」になり，生きていくお手伝いをします。いわば「個人の人生のコンサルタント」です。

　めまぐるしく社会が変化する今，これまで以上に個人が主体的に人生を設計し，選択を続けていく必要があり，キャリア支援者が担う役割は大きくなる一方です。

② キャリア支援と個人の問題を切り離すことは難しい

　産業構造が大きく変化し，技術の進化スピードが加速していく中で，組織も変化しています。スキルや経験を持った人を採用する「ジョブ型雇用」を導入する会社も増えました。

　従来の「新卒で入社した会社で定年まで働く」という人生設計は一昔前のものとなりました。転職が当たり前の時代，自身の人生，キャリアを主体的に創っていかなければなりません。

　転職等キャリアを考える時期というのは，個人の人生の転換期です。

　例えば，「結婚するから安定した職に就きたい」「離婚するから自立できる職を探したい」など，転職相談内容に，人生のイベントや問題が複雑に絡み合っていることがあります。

　それらを対処することなしに，過去，現在から将来を描くキャリア支援を行うことは困難です。

③ 充実した支援の実現のために

　人生を揺るがす大きな問題においては，法律的な対処が必要な場合があります。法律的な対処が行われることで，相談者が冷静に過去を振り返り，現在を見つめ，将来を描くことが可能になります。

> 　キャリア支援者は，相談内容に法律的な支援を得て解決できる問題が含まれていると気づいたら，その問題が大きくならないうちに早期に法律家に相談するように促すことが必要です。
>
> 　このようなリファーの必要性に気が付くためにも，**法律に無関心ではいられない**のです。

Q2 相談者から「訴えてやる！」と脅されたという話を聞きました。キャリア支援者はどのような法的リスクを負うのでしょうか？

山田弁護士

キャリア支援がメジャーになっていくにつれて，相談者も多様になってきましたね。キャリア支援者自身も，トラブルに巻き込まれないように法律で身を守る必要があります。

キャリア支援者

最近，身近でも，相談者に「訴えてやる！」といわれたキャリアコンサルタントの話がありましたね。相談者が多様になっているぶん，トラブルも増えていると感じます。

① 社会でのトラブルに巻き込まれる可能性

　キャリア支援者が，充実したキャリア支援を行うために一定の法律知識が必要であると前述しました。

　ただ，法律知識の必要性は，それだけにとどまりません。キャリア支援者が仕事をしていく中でも，法律知識が必要な場面は多々あります。

　キャリア支援者は，今後一層職業人として活躍することが社会で求められていくでしょう。それは，同時に社会でトラブルに巻き込まれるリスクが増大することを意味します。

　例えば，国家資格キャリアコンサルタントは，法律上，信用失墜行為を行うことが禁止されます。さらに，守秘義務を負っています。

●信用失墜行為の禁止

　キャリアコンサルタントは，キャリアコンサルタントの信用を傷つけ，又はキャリアコンサルタント全体の不名誉となるような行為をしてはならない。

（職業能力開発促進法第30条の27第1項）

●守秘義務

　キャリアコンサルタントは，その業務に関して知り得た秘密を漏らし，又は盗用してはならない。キャリアコンサルタントでなくなつた後においても，同様とする。

（同法第30条の27第2項）

　このような法律上の義務に違反すると，民事上の損害賠償請求を受けます。これは，相談者等に実際に発生した損害に対して主に金銭で賠償するよう請求を受けることをいいます。

　さらに，行政処分と刑事罰を受ける危険性があります（民事上の請求と行政処分・刑事罰の違いは53頁参照）（同法第30の27，第30条の22第2項）。

●守秘義務違反（1年以下の懲役又は100万円以下の罰金）

　第二十六条の六第五項において準用する職業安定法第四十一条第二項の規定による業務の停止の命令に違反して，訓練担当者の募集に従事した者又は第三十条の二十七第二項の規定に違反した者は，一年以下の懲役又は百万円以下の罰金に処する。

（同法第99条の2）

●名称使用停止の行政処分違反（罰金30万円）

　次の各号のいずれかに該当する者は，三十万円以下の罰金に処する。

（中略）

　第三十条の二十二第二項の規定によりキャリアコンサルタントの名称の使用の停止を命ぜられた者で，当該停止を命ぜられた期間中に，キャリアコンサルタントの名称を使用したもの

（同法第102条第5項）

② キャリア支援者が抱える法的リスク

　国家資格キャリアコンサルタントを例に挙げましたが，資格者でない支援者も，相談を受けるにあたり義務を負い，それに違反した場合には法律上の責任を問われることがありえます。

❖キャリアコンサルタントの負う義務❖

相談者　キャリアコンサルタント

　キャリア支援者として仕事をされている方の多くは，多くが心理系や福祉医療系の学問分野を学んできて，法律に関しては学ぶ機会がなかったのではないでしょうか（国家資格キャリアコンサルタントの養成講座では，働き方改革に関係する法律について学びますが，そのウェイトは極めてわずかです）。

　法律上の義務を負って仕事をするのにもかかわらず，法律を知らないのは，リスクが高すぎます。

　充実したキャリア支援のためだけでなく，そもそもキャリア支援者が自分自身の身を守りながら社会で活躍していくためにも，法律知識は重要なのです。

Q3 キャリアの専門家として，どの程度法律を知ればよいでしょうか？

キャリア支援者

今まで法律について学んだことは皆無です。どの程度のレベルで法律を勉強すればよいのでしょうか。

山田弁護士

もちろん専門外ですから，本格的に学ぶ必要はありません。本書を手元に置いておいて，気になったときに調べて読んでいただく程度で十分です。

キャリア支援者は，どのようなレベルの法律知識を身につける必要があるでしょうか。専門外ですから，深く学ぶ必要はありません。

キャリア支援に関係しやすい分野（労働，離婚，債務整理等々）について，弁護士等法律家から法律的な支援を受ければ解決しうる事柄について，一定程度具体的に知っていれば十分でしょう。

相談者に対して法律についてレクチャーをする必要はなく，「弁護士への相談もしてみてはどうか」と提案できれば十分です。**相談者の意思に基づいて弁護士にリファーを行うまでができること**です。

　「弁護士等法律家であれば，相談者の問題を解決できる可能性がある」とわかれば大丈夫です。

　あくまでも充実したキャリア支援を実現するために，相談者が法律支援を受ける（受ける要否を判断するために法律相談に行く）機会を提供するというスタンスです。

ここがポイント！　キャリア支援者が法律を学ぶメリットとは

　「なぜキャリア支援者に法律知識が必要なのか」をもう少し踏み込んで考えてみます。

　そもそも，「法律」とは何でしょう？

　「国家による国民に対するルール」と言われたり，「社会秩序を維持するために強制される規範」，「国会の議決を経て制定される法の一形式」と言われたりすることもあります。

　難しいですね。さらに難しい言葉で申し訳ないですが，法律は「一般的抽象的法規範」です。

　法律が社会における「個別具体的」な事柄を定めているのではなくて，「一般的抽象的」な内容を事前に定めているものであるということを意味します。個別具体的な事柄が法律の定めた場合に該当するかどうかは，法律の条文を解釈し，事実を評価して，場合に応じて考えます。

　つまり，法律は，国民が行動するに際して，「予測可能性を確保する」ために必要なのです。

　事前に「一般的抽象的」に「要件」と「効果」を法律が定めておくことで，国民が行動した場合に，法律の「要件」に該当する具体的な行為を行ったら，どのような「効果」を受けるのかがわかります。

　これにより，国民は行動のメリット・デメリットやリスクを事前に把握できるということです。逆に，法律を知らないと，リスクが非常に高くなります。地図を全く持たず，道路がない土地で自動車を運転しているようなものです。

　法律を学べば，一個人としても，キャリア支援者としても，地図を手にすることができ，より安心した社会生活につながります。

Q4 法律家にリファーするとどのようなことになるのでしょうか？

キャリア支援者

法律家にリファーすると，どのようなことになるのでしょうか。相談者にある程度説明して不安をやわらげたいと思うのですが。

山田弁護士

普段の生活では，法律家と関わったことがないという方も多いでしょう。ここでは，どうやって法律家に相談するのか，法律家が相談を受けた際にどういったことをするのかをご説明します。

1 法律家に委任するまでの流れ

　リファーしようと思っても，まず，身近に法律家がいない場合は，どうやって探してよいのか困りますね。そういった場合は，市役所等行政機関の**無料相談会等を利用**するのがよいでしょう。各地の弁護士会や法テラスでも，定期的に実施しています。

　たいてい，無料相談は1回のみで，2回目以降は30分5千円（税別）程度の料金がかかります。

　2回目以降は，初回相談で法律家から求められた事件に関係する書面等の証拠資料を持参して，それをベースに話をすることになります。

　そうすると，法律家は事件処理の見通しについて説明してくれるはずです。その内容に納得すれば契約となります。

　契約を結べば，法律家は，相談者の代理人として事件解決のために行動してくれます。

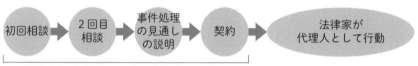

❖ 法律家に委任するまでの流れ ❖

初回相談 → 2回目相談 → 事件処理の見通しの説明 → 契約 → 法律家が代理人として行動

※初回に契約までいくことも多いです。

② 代理交渉（裁判所外での話し合いによる解決）

事件解決のための行動として，まずは代理交渉があります。

代理交渉では，相手方に書面を送付したりして直接交渉（示談交渉）を行います。裁判所外での話し合いによる解決を模索するものです。

穏便に話し合いを行い，相手方が金銭を支払うことに同意するなど，**相手方が請求に素直に応じれば，これで事件が解決**することになります。

③ 訴訟や調停を通じた解決

相手方が請求に応じない場合や，相手方も弁護士を雇った場合などは，弁護士同士の交渉になります。交渉で決着がつかなければ，以下の裁判所の手続を利用した紛争解決をすることになります。

- 裁判所に訴訟を起こす
- 調停（裁判所で調停委員等の関与のもとで話し合いを行い，事件の解決を目指す手続）を申し立てる

こういった**紛争解決には，当然費用がかかります**。依頼の難易度等によって変動しますが，依頼する時に必要となる「着手金」と，事件を解決した際に必要となる「報酬」の2回，支払いが発生するのが一般的です。「着手金」と「報酬」の基準については，日弁連のサイトを参考にしてみるとよいでしょう。

❖ 日弁連ホームページ「弁護士費用（報酬）とは」❖

JFBA 日本弁護士連合会
アクセス　サイトマップ　ENGLISH　中文　会員専用　弁護士検索　検索

企業・個人事業者の方　自治体の方　国際関係情報　子ども関連　司法修習生　法律事務職員

日弁連とは　弁護士を知る　法律相談　私たちの活動　公表資料

法律相談　　HOME　法律相談　弁護士費用について　弁護士費用（報酬）とは

弁護士費用（報酬）とは

弁護士費用（報酬）のご説明

弁護士に相談したいが、いくらかかるか不安・・・という方はたくさんいらっしゃるでしょう。

弁護士の費用は、個々の弁護士がその基準を定めることになっており、標準小売価格というようなものはありません。

https://www.nichibenren.or.jp/legal_advice/cost/legal_aid.html

　　法律家に相談する，イコール裁判ではありません。著者である私（山田）が代表を務める一般社団法人日本キャリア法務協会では，キャリア支援者の方が弁護士へのリファーの必要性について悩まれたときに，リファー要否について弁護士に相談できる相談事業（20分無料）を実施しています。キャリア支援者の方がクライアントの問題を聞いてもリファーすべき事案かどうか判断がつかない場合などに質問していただくことが可能ですので，悩まれた際はお気軽にご利用ください。

一般社団法人日本キャリア法務協会　https://career-law.com/

一般社団法人
日本キャリア法務協会
Japan Carrer Legal Association

> ここがポイント！ **各士業の専門分野**

　リファーの対象となる専門職といっても，いわゆる「士業」がそれぞれどのような仕事をするのかは，わかりにくいものです。ここでは，士業がそれぞれどのような仕事をしているのかに触れます。「どの士業につなげばいいの？」と迷った際の参考にしていただきたいと思います。

1　弁護士

　弁護士は，法律事務一般を取り扱う専門職です。

　裁判所で行う訴訟（裁判）に当事者の代理人として関与したり，刑事事件においては弁護人として被告人の支援者・代弁者を務めたりします。「法律事務一般」を取り扱うという表現からもわかるとおり，法律に関する事柄を広く取り扱うことができる専門職です。

2　司法書士

　司法書士は，登記，供託といった法務局で行う手続や，簡易裁判所で訴額140万円以下の事件について当事者の代理人として関与することのできる，法律事務の専門職です。

3　行政書士

　行政書士は，官公署に提出する書類や，権利義務又は事実証明に関する書類を作成する専門職です。許認可の申請に必要な書類を作成したりすることもありますし，聴聞又は弁明手続，行政庁に対する不服申立手続について代理して関与することも認められています。

4　公認会計士

　公認会計士は，監査及び会計の専門家として，財務書類の監査又は証明を行う専門職です。

5　税理士

　税理士は，租税に関し，申請，申告，請求若しくは不服申立について代理，代行（税務代理）したり，税務署類の作成や税務相談を行う専門職です。

6　社会保険労務士

　社会保険労務士は，労働及び社会保険に関する申請等の代理をしたり，申請書等の作成や労務に関する相談を行う専門職です。

法律のいろは①　条文の読み方にはルールがある！

　法律初学者の方が法律を難しいと感じる理由に，まず条文が読めないということがあります。

　条文は，（「法」→）「条」（じょう）→「項」（こう）→「号」（ごう）→「イ」「ロ」「ハ」…の順に構成されます。

条 ﹥項﹥号﹥イ

　法律を学んだことがないと，条文を見ただけでは，どれが「項」でどれが「号」なのかが，わかりませんよね。

　しかし，法学部でイチから学ぶような場合でない限り，条文の読み解き方は当然の前提知識となっていることが多く，解説されないのが通常です。

　そこで，どれが「項」でどれが「号」なのか，すなわち，条文の構造について読み取るために必要な知識を，読み方と共に解説していきます。

例1　民法96条（詐欺又は強迫）

第九十六条　詐欺又は強迫による意思表示は，取り消すことができる。

2　相手方に対する意思表示について第三者が詐欺を行った場合においては，相手方がその事実を知り，又は知ることができたときに限り，その意思表示を取り消すことができる。

3　前二項の規定による詐欺による意思表示の取消しは，善意でかつ過失がない第三者に対抗することができない。

　「2」「3」というアラビア数字は，「項」をつけて読みます（「2」→「にこう」）。ただし，「条」の横に記載されることの多い「1項」については，アラビア数字が記載されていないのが通常です（「詐欺又は強迫による意思表示は，取り消すことができる。」という部分は，「民法96条1項」にあたります）。

> ### 例2 民法98条の2（意思表示の受領能力）
>
> **第九十八条の二**　意思表示の相手方がその意思表示を受けた時に意思能力を有しな
> 　かったとき又は未成年者若しくは成年被後見人であったときは，その意思表示を
> 　もってその相手方に対抗することができない。ただし，次に掲げる者がその意思
> 　表示を知った後は，この限りでない。
> 　一　相手方の法定代理人
> 　二　意思能力を回復し，又は行為能力者となった相手方

　漢数字は，「号」をつけて読みます（「一」→「いちごう」）。

　ちなみに，「第九十八条の二」の「の二」は「枝番号」といいます。

　これは，法律が一度完成した後に，条文の間に条文を追加したいとき，直前の
条文の数字に「の二」とつけて表記し，条文の数字がズレないようにしています。

> ### 例3 会社法469条（反対株主の株式買取請求）
>
> **第四百六十九条**　事業譲渡等をする場合（次に掲げる場合を除く。）には，反対株
> 　主は，事業譲渡等をする株式会社に対し，自己の有する株式を公正な価格で買い
> 　取ることを請求することができる。
> 　一　第四百六十七条第一項第一号に掲げる行為をする場合において，同項の株主
> 　　総会の決議と同時に第四百七十一条第三号の株主総会の決議がされたとき。
> 　二　前条第二項に規定する場合（同条第三項に規定する場合を除く。）
> 2　前項に規定する「反対株主」とは，次の各号に掲げる場合における当該各号に
> 　定める株主をいう。
> 　一　事業譲渡等をするために株主総会（種類株主総会を含む。）の決議を要する
> 　　場合　次に掲げる株主
> 　　イ　当該株主総会に先立って当該事業譲渡等に反対する旨を当該株式会社に対
> 　　　し通知し，かつ，当該株主総会において当該事業譲渡等に反対した株主（当
> 　　　該株主総会において議決権を行使することができるものに限る。）
> 　　ロ　…

　2項1号イは「にこう／いちごう／い」と読みます。「イ」は，「イ→ロ→ハ→
ニ…」と続いていきます。

第1章

キャリア支援者が知っておきたい

労働に関する法律

Q 5 「正社員になりたい」と言う相談者。そもそも雇用形態にはどのような種類があるのでしょうか？

正規・非正規・派遣

キャリア支援者

正規（正社員），非正規，派遣社員など，最近では働き方が多様になりました。Aさんの事案でうまく説明できず困っています。雇用に関する法律をわかりやすく教えてください。

事　案

　Aさん（20代女性）が就職の相談のために来所されました。Aさんは，現在大学生で就職活動をしていますが，うまくいかず，悩んでいるとのことです。

　Aさんは正社員として就職することを希望しています。ただ，最近はスキルや経験を持った人を雇用する「ジョブ型雇用」に関するトピックを見聞きすることも多く，「正社員にこだわりたいけれども，自身のスキルを高められる働き方が必要なのかな」という気もしてきたそうです。「とはいっても，どうすればよいかわからないので，藁にもすがる思いで相談に来た」と言っています。

山田弁護士

　Aさんは正社員としての就職にこだわるか悩んでいますね。ただし，その根拠はあいまいのようです。

　Aさんのように，新卒では特に「正社員での就職」を目指す人が多いですが，そもそも「正規（正社員）」と「非正規」の違いがわかっていないこともあります。

　ここでは，「正規（正社員）」，「非正規」は何が違うのか，「派遣」，「業務委託」，「請負」というのはどのような働き方

なのか。まずは「雇用契約」についてお話しする必要があります。その後，雇用契約における働く形態について解説します。

解　説

1 「雇用契約」とは

まず，「雇用契約」の「契約」とはなんでしょうか。

「契約」とは，当事者間の合意（約束）であって，当事者間に法律関係（権利義務の関係）を生じさせることをいいます。

そのうち，「雇用契約」とは，**人が働くことを内容とする契約**です。人が働くことを内容とする契約には，いろいろな種類があり，「雇用契約」のほかに「委任契約」，「請負契約」などがあります。

法律（民法）では，**雇用契約の成立要件**について，以下のように定めています。

> **●雇用契約の成立条件**
>
> 雇用は，当事者の一方が相手方に対して労働に従事することを約し，相手方がこれに対してその報酬を与えることを約することによって，その効力を生ずる。
> (民法623条)

つまり，雇用契約とは，労働者が会社（使用者）の労働に従事し，会社（使用者）がその労働に対して報酬を支払うことを約束する内容の，労働者と会社（使用者）間の契約のことを指します。

❖雇用契約❖

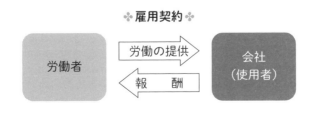

② 「正規雇用」と「非正規雇用」のちがい

　この雇用契約において、「正規雇用」（正社員）とは、契約期間の定めのないものを指します。これに対して「非正規雇用」とは、正規雇用以外の全てのものを指します。例えば、「契約期間の定めのある有期雇用」は、非正規雇用です。

　「非正規雇用」には、**契約社員、派遣社員、パート、アルバイト、嘱託社員、臨時社員**といったさまざまな名称で呼ばれる形態があります。

　※このような名称は、法律上定義されているものではありません。一般的に契約社員はフルタイム、パートやアルバイトは短時間勤務で時給制であるといった大まかな傾向はありますが、それは個々の雇用契約を結ぶ際にそれぞれの条件で労働者と会社（使用者）が合意した、ということです。

❀雇用❀

正規雇用

非正規雇用
・契約社員
・派遣社員
・パート
・アルバイト
　など

③ 「派遣」とは

　「非正規雇用」の中でも、「派遣」は他の契約と大きく異なります。雇用契約を結ぶ会社（派遣元）と、実際に労働する際に指揮命令を受ける会社（派遣先）が異なるからです。

　法律上、「労働者派遣」は以下のように定義されます。

> ● **労働者派遣**
>
> 　自己の雇用する労働者を，当該雇用関係の下に，かつ，他人の指揮命令を受けて，当該他人のために労働に従事させることをいい，当該他人に対し当該労働者を当該他人に雇用させることを約してするものを含まないものとする。
> （労働者派遣事業の適正な運営の確保及び派遣労働者の保護等に関する法律2条1号）

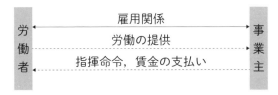

❖ **通常の雇用形態** ❖

❖ **派遣の雇用形態** ❖

　派遣で働く場合，契約の直接の相手と，働く際に指揮命令してくる相手が違うので，特に労働者が不利益を受けないよう，法律上もさまざまな定めが置かれています。

④ 「業務委託」と「請負」のちがい

　「業務委託」とは，一定の業務を遂行することを内容とする契約（委任契約（準委任契約））を結び，業務の委託を受けた者（労働者）が**業務**

を遂行することをいいます。

> ※実際には「業務委託」という名称で，「委任契約」を結ぶ場合と「請負契約」
> を結ぶ場合が混在して用いられている場合もありますが，本稿では区別してい
> ます。

　法律（民法）は，委任契約の成立要件について，以下のように定めて
います。

> ● **委　任**
> 　委任は，当事者の一方が法律行為をすることを相手方に委託し，相手方がこ
> れを承諾することによって，その効力を生ずる。　　　　　　　　（民法643条）

　それに対し「請負」とは，労働の結果としての仕事の完成を目的とす
る内容の契約（請負契約）を注文主と請負人の間で結び，**請負人が仕事
を完成させるための労働を提供すること**をいいます。
　法律（民法）は，請負契約の成立要件について，以下のように定めて
います。

> ● **請　負**
> 　請負は，当事者の一方がある仕事を完成することを約し，相手方がその仕事
> の結果に対してその報酬を支払うことを約することによって，その効力を生ず
> る。　　　　　　　　　　　　　　　　　　　　　　　　　　　（民法632条）

　「業務委託」（委任）と「請負」は，前者が業務の遂行自体（過程の仕
事）を目的としているのに対して，後者は仕事の完成（結果）を目的と
している点で違いがあります。

● 業務委託（委任）→仕事を<u>すること</u>を目的
● 請　　　　　　負　→仕事を<u>完成させること</u>を目的

ここがポイント！ 業務委託や請負でも「労働者性」が認められれば労働法が適用される

　人が働くことを内容とする契約に関して重要なのは，雇用契約は使用者（雇ってお金を払う側）が労働者（雇われて労働を提供する側）よりも強い立場となって，労働者の権利を害する危険性が一般的に認められるので，特に労働法（労働基準法等々の労働関係に関して規律する法律の総称）によって労働者を保護する定めをおいていることです。

❖労働法の役割❖

　ここで，使用者にとって不都合な労働法の適用を免れるため，実際には「雇用」なのに，「業務委託」や「請負」であるとする場合がありえます。

　では，「業務委託」や「請負」で契約をしたら，一切労働法は適用されないのでしょうか。

　法律の実務においては，たとえ契約が「業務委託」や「請負」で，雇用契約でないものとされていても，指揮命令関係が実際には存在している等，実態が雇用契約である場合には，「労働者性」が認められるとして，労働法が適用されるものと判断されます。

　すなわち，実態が雇用契約で働く労働者であると認められる場合には，労働法が適用され，保護されるということです。

5 契約の種類と働き方

これまで契約類型を見てみました。それぞれメリットとデメリットがあります。

指揮命令関係のもとで仕事をする雇用契約を結ぶのか，仕事の完成を自分の裁量で行う請負契約を結ぶのか。また，雇用契約を結ぶとしても，解雇の規制が強い正規雇用を選択するのか，それとも，離転職しやすい契約社員や派遣社員を選択するのか。

相談者が若い方の場合には，メリットとデメリットについても示唆しながら，考えを深めてもらうようにすべきです。

今までは正社員として働くことを希望するのであれば「新卒採用時が重要」でした。

しかし，今後新卒採用の枠はどんどん減少します。さらに，技術革新スピードが加速する中で会社の寿命もどんどん短くなり，ジョブ型雇用も増えて来ています。人の寿命より会社の寿命が短い時代が来れば，「正社員＝安泰」とはいい難くなるでしょう。

職業人としてどのようなキャリアを歩むかという相談を受けるにあたり，契約類型を理解しておくことは今後とても重要です。

Q6 育休後，降格となった相談者。マタハラに当たりますか？

マタハラ

キャリア支援者

> 子育て中の母親から転職相談を受けました。話を聞くと，いわゆる育休後の降格が転職理由にあるようです。マタハラに該当すると思うのですが…。

事案

　Bさん（30代女性）が転職の相談のために来所されました。Bさんは，新卒で広告会社に入社して勤務しているそうですが，「キャリア相談を受けて自分の強みを明確にしたうえで本格的に転職活動を考えていきたい」とのことでした。

　Bさんは現在経理部門に所属していますが，育休前は入社以来ずっと営業部門にいたそうです。営業部門では，課長職として，企画を立案して顧客に営業を行う内容の仕事をしていたとのことです。

　Bさんは妊娠後，つわりが酷く，激務である営業部門の課長職として妊娠中に仕事をしていくことが難しいと感じ，直属の上司である部長に，妊娠中，「出産までの間は比較的負担の少ない仕事をさせてもらえないか」と相談したそうです。すると，部長は人事部と掛け合って調整したうえで，Bさんを渉外部門の庶務をする部署の事務職に配置換えしてくれたそうです。その際，Bさんが産前・産後休暇を経て職場に復帰すれば，また営業部門の課長職に戻す，という話でしたが，実現しないまま数か月が過ぎてしまい，たまりかねたBさんが部長に「課長職に戻してほしい」と言うと，部長は不愉快そうな表情になり，「Bさんが産前・産後の休暇をとったことで，営業部門の仕事に多大な迷惑がかかった」，「営業部門の社員は誰も迷惑を掛けたBさんに戻ってきて欲しいとは思っていない」と言い放ったそうです。そのうえ，翌

日には現在のBさんの仕事ぶりがよくないとして，まったく知識・経験のない経理部門への異動を命じられたとのことです。

　Bさんは，「現在の会社では望むような働き方がもうできない」と諦め，転職活動をスタートすることにしたとのことでした。

山田弁護士

> 　Bさんは妊娠中，軽易業務（営業部門の課長職から，庶務を行う事務職）へ異動しています。そして，産前・産後休暇を経て復帰した後，当該軽易業務への一時的な異動を契機として，結局課長職から降格となっていますね。
> 　さらに，まったく未経験の経理部門に異動になったことが，法律上禁止されているマタニティハラスメント（マタハラ）にあたるのではないかというのが論点です。

解　説

1　法律上禁止される「マタハラ」とは

　マタニティハラスメント（略してマタハラ）とは，女性労働者が妊娠・出産したこと等を理由として，職場で精神的・肉体的な嫌がらせを受けたり，解雇や雇止め，降格等事業主から不利益な取扱いを受けたりすることをいいます。

　産前・産後休業をしたこと，及び，産前休業を請求したこと等を理由とする解雇その他の不利益取扱いは，法律（男女雇用機会均等法）上禁止されています。

●婚姻，妊娠，出産等を理由とする不利益取扱いの禁止等

　事業主は，その雇用する女性労働者が妊娠したこと，出産したこと，労働基準法（昭和二十二年法律第四十九号）第六十五条第一項の規定による休業を請求し，又は同項若しくは同条第二項の規定による休業をしたことその他の妊娠又は出産に関する事由であつて厚生労働省令で定めるものを理由として，当該女性労働者に対して解雇その他不利益な取扱いをしてはならない。

（男女雇用機会均等法９条３項）

　しかし，実際には嫌がらせを受けたというケースが後を絶ちません。違法な行為であるマタハラについて，弁護士に相談すれば，以下のようなことが可能です。

- 不利益取扱いの是正を交渉
- 嫌がらせを受けている場合には行為の差止め
- 職場環境の是正を求めること
- 損害賠償の請求

　ちなみに，損害賠償については，マタハラを行った本人（本件であれば嫌がらせ発言を行った部長）だけでなく，社内でマタハラが発生するのを防止していなかった事業主（会社）に対しても，適切に職場環境を維持・調整する義務に反したとして，損害賠償の支払いを請求することが可能です。

　本件のＢさんの事案は，産前・産後休暇取得後に降格を伴う異動を受けているので，マタハラの事案にあたるといえるでしょう。

ここがポイント！① 育児・介護に関するハラスメントも同様に規制

　本来マタハラとは妊娠・出産に関連する女性特有の問題ですが，実際には育児に関するハラスメントも含めて論じられることが多く，完全に女性のみの問題ではありません。

　育児・介護についてもマタハラと同様に，育児・介護休業等を取得したこと，請求したこと等を理由とする不利益取扱い，すなわち，ハラスメントが禁じられており，育児・介護に関するハラスメントの問題も，マタハラの問題と同様のものと考えることができます。

> ### ●不利益取扱いの禁止
> 　事業主は，労働者が育児休業申出をし，又は育児休業をしたことを理由として，当該労働者に対して解雇その他不利益な取扱いをしてはならない。
>
> （育児介護休業法10条）

ここがポイント！② 「マタハラ」にあたるかどうかの判断基準

　事業主（会社）に対してマタハラを主張した場合に，事業主（会社）がマタハラを認めない場合には，裁判所はどのようにしてマタハラに該当するかを判断するのでしょうか。

　ある最高裁の判例（過去の最高裁が下した裁判に関する判断を「判例」といいます）をご紹介します。

> 妊娠中の女性の請求により軽易業務への転換を契機とした降格が行われ，その後産後休業・育児休業を経て職場復帰したが復帰後も会社が降格前の職位に復帰させなかったという事案

> （判例）上記妊娠中の軽易業務への転勤を契機として降格させる事業主の措置は，男女雇用機会均等法9条3項の禁止する不利益取扱いに該当して原則として無効となり，例外となるのは，当該労働者が

自由な意思に基づいて降格を承諾したと認めるに足りる合理的な理由が客観的に存在する場合，又は，業務上の必要性に照らして同条同項（上記法律）の趣旨・目的に反しない特段の事情が存在した場合に限られる。

❖ 妊娠中の軽易業務への転勤を契機として降格させる事業主の措置 ❖

原　則：無効

例外1：当該労働者が自由な意思に基づいて降格を承諾したと認めるに足りる合理的な理由が客観的に存在する場合→有効

例外2：業務上の必要性に照らして男女雇用機会均等法9条3項の趣旨・目的に反しない特段の事業が存在した場合→有効

　上記判例の判断を踏まえて，男女雇用機会均等法，育児介護休業法の解釈通達（法律の要件に該当するかどうかを判断する際の解釈の基準となるもの）が改正され，妊娠・出産等の事由及び育児休業の申出又は取得を「契機として」不利益取扱いが行われた場合には，原則として男女雇用機会均等法9条3項，育児介護休業法10条違反になるとしています。

　そして，この場合の「契機として」とは，基本的に妊娠・出産や育児休業の申出又は取得といった事由が発生している期間と時間的に近接して不利益取扱いが行われたか否かをもって判断するとされ，原則として，妊娠・出産育児休業の申出又は取得等の事由の終了から1年以内に不利益取扱いがなされた場合は「契機として」不利益取扱いがされたと判断するとしています。

　このように，裁判所は基本的に客観的な事実に基づいて，ある事実が法律の規定（本件では「マタハラ」）に該当するか否かを判断します。

② 弁護士による交渉

　弁護士が裁判所の手続を使わないで直接相手方（この場合は会社）と交渉する場合，客観的な事実やそれを示す証拠を基に主張します。

　交渉がまとまらなかった場合には，裁判所を通じた手続（訴訟や労働審判）を行い，公の手続きで主張が認められる見込みであることを前提に，相手方に裁判所に問題が持ち込まれる前に紛争を解決したいというモチベーションを持たせて，解決に向けて交渉します。

③ 事業主（会社）に課される義務と損害賠償責任

　厚生労働省は，マタハラを防止するため，「マタハラ防止指針」（「事業主が職場における妊娠，出産等に関する言動に起因する問題に関して雇用管理上講ずべき措置についての指針」）を定めています。この指針の中で，事業主（会社）が講ずべき措置の内容として，以下の13項目が定められています。

> ● **事業主（会社）が講ずべき措置　13項目**
> ① 職場のマタハラの内容，マタハラがあってはならない旨の方針の明確化及び周知・啓発
> ② マタハラ行為者に対する厳正な対処の方針・対処内容の文書化及び周知・啓発
> ③ 相談窓口の設置
> ④ 相談窓口担当者の適切かつ広範な対応
> ⑤ セクハラ等と一体的一元的に相談に応ずることができる体制の整備
> ⑥ 事実関係の迅速かつ正確な確認，
> ⑦ 被害者に対する適正な措置
> ⑧ 行為者に対する適正な措置
> ⑨ 再発防止措置
> ⑩ 実情に応じた業務体制の整備等必要な措置

⑪ 妊娠等した労働者に対し制度利用ができるという知識を持つことや周囲と円滑なコミュニケーションを図りながら自身の体調等に応じて適切に遂行していくという意識を持つこと等について周知・啓発すること

⑫ 相談者・行為者等のプライバシー保護のための適正な措置及びその周知

⑬ 相談をしたこと，事実関係の確認に協力したこと等を理由とする不利益取扱いの禁止及びその周知・啓発）

　事業主（会社）は，平時から上記指針が定めた事項を適切に履行していないと，マタハラが発生した場合，適切に職場環境を維持・調整する義務に反したものとして，**損害賠償責任を負う可能性**が高まります。

Q7 会社でのセクハラ・パワハラが原因で転身を考えている相談者。泣き寝入りするしかないのでしょうか？ `パワハラ・セクハラ`

キャリア支援者

> 今の仕事が好きなのに、セクシャルハラスメントを受けて転職を検討しているご相談です。相談者が泣き寝入りしないために、どのような法的保護があるのでしょうか。

事 案

　Cさん（20代女性）が転職の相談のために来所されました。Cさんは、新卒で製造業の会社に入社して勤務しているそうです。はじめは、「キャリア相談を受けて自分の強みを明確にしたうえで、公務員試験や資格試験を受験して、公務員か士業への転身を考えていきたい」という相談内容でした。

　話を聞いていくうちに、Cさんは今の仕事自体は自分に合っていると感じていて、本当は「できれば続けていきたい」と考えていることがわかりました。

　そして、その後なぜ民間企業からの転身を考えているかについて問いかけを行う中で、Cさんが上司の男性から仕事中、2人きりとなったときや人が少ない残業中に隠れて身体に触れられたり、性的な発言をされたりするといったセクハラ行為を継続して受けていることがわかりました。

　Cさんはセクハラ行為を受け、何度も上司に対して明確に抗議したり、メールを送信して拒否している気持ちを伝えようとしたそうですが、上司がそのような行為をやめる気配はなく、逆に「2人で夜会おう」と執拗に誘われるなど、エスカレートしていったそうです。

　最近では、思い通りにならないCさんの態度に上司がいら立ち、Cさんが希望している仕事をあえて他の営業部員に担当させたり、「人事評価を下げようと考えている」などと発言されたりしているとのことでした。

　Cさんは，自身が上司から不当な行為を受けていて，それを周囲の誰もが見て見ぬふりをして助けてくれない状況に失望しているそうです。

　また，最近は体調に異変も来しており，心療内科に通院も考えているということです。

　そして，「このような辛い境遇に自身が置かれているのは，私が民間企業に在籍しているからだ」と涙ながらに語ります。公務員や士業に転身したら状況が変わるのではないかと思っているそうです。

山田弁護士

　今回のCさんのように，強度のストレスから逃れることを目的にキャリアチェンジを語っている場合には，丁寧な傾聴を続け，真の原因を見つけ出す必要がありますね。

　まず，Cさんは上司の男性から，仕事中に隠れて身体に触れられたり，性的な発言をされたりするなどの行為をされ，また，拒否する態度を明確にしているのにもかかわらず「夜に2人で会おう」などと執拗に誘われるといった行為を受けています。

　次に，Cさんは上司の男性から，Cさんが希望している仕事をあえてCさん以外の営業部員に担当させたり，「人事評価を下げようと考えている」などと発言されたりしています。

　Cさんが本当に公務員や士業になりたいのか，会社に残りたいのかにもよりますが，弁護士にリファーして，損害賠償等金銭の支払いを受けられれば，生活費や予備校の費用を確保できるなど，キャリアを考える際の余裕を持つことにもつながります。

解 説 --

① 「セクハラ」とは

　そもそも，「ハラスメント」とは，精神的・身体的苦痛を与える行為，または，職場環境を悪化させる行為をいいます。

　セクシャルハラスメント（略してセクハラ）とは，以下を指します。

> **●セクハラの定義**
> 　職場で行われる，労働者の意に反する，性的な言動であり，当該言動に対する労働者の対応により当該労働者がその労働条件につき不利益をうけるもの（対価型セクハラ）と，当該言動により労働者の就業環境が害されるもの（環境型セクハラ）

　すなわち，①仕事をする際に，②性的な発言や行動で，③労働者が嫌がっているのにもかかわらずなされたものは，セクハラ行為に該当するといえます。

② 「パワハラ」とは

　パワーハラスメント（略してパワハラ）とは，以下をいいます。

> **●パワハラの定義**
> 　職場で行われる，優越的な関係を背景とした言動であって，業務上必要かつ相当な範囲を超えたものにより，労働者の就業環境が害されるもの

　すなわち，①仕事をする際に，②受ける側が拒絶できない可能性が高い言動で，③一般社会通念に照らして相当でないもので，④身体的又は精神的に苦痛を与えられて仕事に支障が生じるものは，パワハラ行為に該当します。

　職場における「いじめ」,「嫌がらせ」に関する相談件数は平成23年度から平成30年度まで7年連続で増加し, 8万件を突破(「平成30年度個別労働紛争解決制度施行状況」厚生労働省・令和元年6月発行による)し, パワハラの相談件数は年々増加しています。

③　セクハラ・パワハラ防止に関する法律

　ハラスメントは社会の重大な問題です。

　そこで, 令和元年6月, パワハラ防止のための事業主(会社)の雇用管理上の対策をする義務等を新設する内容や, セクハラ等の防止対策の強化等の措置を講じることを義務づけることを含んだ法律改正が行われました。

　セクハラについては, 事業主(会社)に対し, セクハラにより労働者(従業員)が不利益を受けることを防止するため, 相談を受けたり, 適切に対応するために必要な体制の整備その他必要な措置を講じたりすることが義務づけられています(男女雇用機会均等法)。

　さらに, 厚生労働省は, 男女雇用機会均等法に基づき,「セクハラ防止指針」(「事業主が職場における性的な言動に起因する問題に関して雇用管理上講ずべき措置についての指針」(平成18年厚労告615号))を定め, 事業者(会社)が執るべき必要な措置について定めています(30頁参照)。

④　セクハラ・パワハラに関する法律上の責任

　セクハラ・パワハラが会社内で発生した場合, 実際に行った加害者本人に対して, 被害者が人格権(性的自由, 名誉, プライバシー)や良好な職場環境で働く利益の侵害, 生命・身体に対する侵害を理由に, 不法行為に基づく損害賠償請求(民法709条)を行うことが考えられます。

　損害賠償請求をして, 金銭の支払いを求める時の損害の費目(内容)

としては，慰謝料，逸失利益（休業損害），治療費等が考えられます。

　さらに，加害者本人に，被害者に対する不法行為責任が認められる場合，加害者を使用していた使用者（会社）にも同様の内容の責任があるとして，使用者責任（民法715条）が認められ，被害者に対する損害賠償責任が認められる場合が多くなります。

　よって，セクハラ・パワハラが会社内で発生した場合，**加害者本人だけでなく，会社に金銭の支払いを請求する**ことが多いです。なぜなら，加害者本人は個人であって，資力（持っているお金）が乏しい場合もあるからです。会社が相手であれば，被害者が金銭の支払いを受けられる可能性が高まります。

　ハラスメントが発生した場合に被害者に対して会社が負う責任としては，上述の使用者責任（民法715条）以外に，ハラスメント防止に関する雇用管理上の必要な措置を講ずる義務を怠ったとして，従業員の職場環境に配慮すべき義務違反が認められ，労働契約上の債務不履行責任（民法415条）が認められる場合もあります。

　また，使用者（会社）が社内でのハラスメント発生を予測できたのに，何もせずに放置していたためにハラスメント事案が発生した場合や，ハラスメント事案の発生を認識しながら事後の適切な調査や対応を怠った場合には，使用者（会社）が被害者に対して直接の加害者になっているものとみて，不法行為責任（民法709条）や債務不履行責任に基づく損害賠償責任を負うことも考えられます。

⑤　ハラスメント行為に該当するか否か（セクハラ行為の判断基準）

　行為がセクハラ行為に該当するか否かは，どのように判断されるのでしょうか。基本的には被害者の気持ち（主観的な感情）ではなく，**客観**

的な要素を中心に，判断されます。

　両当事者（被害者と加害者）の①職務上の地位・関係，②行為の場所・時間・態様，③被害者の対応等の諸般の事情を考慮して，④行為が社会通念上許容される限度を超え，あるいは社会的相当性を超えると判断されるときに，違法なセクハラ行為と認められることになります。

　本件の事例では，被害者のCさんは営業部の平社員で，加害者は男性の上司であって（①），上司は仕事中，Cさん2人きりとなった時や人が少ない残業中に隠れて身体を触ったり，性的な発言をしたりしており（②），何度も上司に対して明確に抗議したり，メールを送信して拒否している気持ちを伝えようとしているにもかかわらず，上司は行為をやめず，逆に「2人で夜会おう」と執拗に誘うなど，行為をエスカレートさせています（③）。

　以上の①〜③を客観的にみると，上司はCさんが嫌がっているのを認識しながら，職場や業務に関連して性的な言動を執拗に行っており，社会通念上許容される限度を超える違法なセクハラ行為を行っていると認められます（④）。

---

6 ハラスメント行為に該当するか否か （パワハラ行為の判断基準）

　行為がパワハラ行為に該当するか否かは，上述のセクハラ行為に関する①〜③に加えて，③´行為が職務の内容，性質，危険性の内容，程度等の事情も踏まえて，指導の範囲外であることも加え，④を満たすかで判断します。

　本件の事例では，被害者のＣさんは営業部の平社員で，加害者は男性の上司であって（①），加害者の上司は権限を用いてＣさんが希望している仕事を敢えてＣさん以外の営業部員に担当させたり，自身が評価の権限を有していることを背景に「人事評価を下げようと考えている」などとＣさんに対して発言する等の行為を行っており（②），被害者は上司からの執拗なセクハラに抗議しており，それに対する報復として上記行為を行っているという事情があり（③），上記行為が営業職であるＣさんに対して特別に必要な指導と評価できる事情もありません（③′）。

　以上の①～③′を客観的にみると，上司は指導としてではなく，Ｃさんが執拗なセクハラに応じず，抗議を続けることを理由に，業務や人事評価でＣさんに不利益な権限行使を行うことで報復しているものといえ，社会通念上許容される限度を超える違法なパワハラ行為を行っていると認められます（④）。

　実際にＣさんが加害者や会社に対して損害賠償請求を行ったりする場合に，どのような法的手続を執る必要があるのかについては，弁護士による示談交渉（裁判所の手続を使わない交渉）や訴訟，後述する労働審判といった手続があります。Ｃさんが加害者や会社に対して法的な請求を行う場合，手続の選択については，弁護士と相談して決定していくこととなります。

（ここがポイント①）　**パワハラ防止措置の義務づけ**

　ハラスメント，すなわち，職場内の「いじめ・嫌がらせ」に関する個別労働紛争の相談件数は増加傾向にあり，令和3年度は8万6,034件もあって最も多い相談内容（厚生労働省「令和3年度個別労働紛争解決制度の施行状況」による）となっています。

　ハラスメント問題が発生すると，被害者が精神的な病に罹患したり，自傷行為や自殺を企図するおそれもあるなど，極めて重大な事態を招く可能性があることに加え，加害者も懲戒処分の対象となったり，場合によっては民事・刑事上の責任を問われる可能性があります。また，ハラスメント問題は当事者間だけでなく，企業にとっても重大な問題となる危険性をはらんでいます。

　それを受け，2019年5月29日に，職場におけるパワーハラスメントの防止措置を企業に義務付ける「女性の職業生活における活躍の推進に関する法律等の一部を改正する法律」が成立しました。そして，同法に伴う改正法が，大企業では2020年6月1日から，中小企業では2022年4月1日から施行されています。

　この中の「労働施策の総合的な推進並びに労働者の雇用の安定及び職業生活の充実等に関する法律」（「労働施策総合推進法」との略称で呼ばれます）には，パワハラが法規制の対象となることが明確化さています。

　※メディアでは「パワハラ防止法」と呼ばれることが多いですが，公式な略称は「労働施策総合推進法」です。

　職場におけるパワハラ防止のために，事業主（企業）に対し，雇用管理上必要な措置を講じることが明確に義務付けられました。

　雇用管理上必要な措置の内容としては，以下があります。

①事業主（企業）によるパワハラ防止の社内方針の明確化と周知・啓発

②苦情などに対する相談体制の整備

③被害を受けた労働者へのケアや再発防止等

　企業が①～③の対応を適法に行っていくためには，今後の裁判例や行政指導事例を注視して，対策を行い続けていく必要があります。

　そして，事業主（企業）が適切なパワハラ防止措置を講じていない場合には，是正指導等行政処分を受ける対象となります。

ここがポイント！②　**パワハラが発覚した場合の事業主の義務**

　パワハラ事件が発覚した場合に，事業主（企業）は以下の対処をとらなければなりません。

①ヒアリングの実施

②事実関係の精査

③社内処分の検討

④再発防止策の策定

　まず，①については，従業員からパワハラの相談があったにもかかわらず，会社が迅速な対応を行わなかった場合には，不作為を理由として損害賠償責任を負うものとした裁判例（横浜地判平成16年7月8日等）があります。

　従業員からパワハラの相談を受けた場合には，迅速に相談者（被害者）と加害者の関係や行為の内容，相談者の求める対応の内容，匿名を希望するか否か等についてヒアリングを実施することが必要です。

　次に，②パワハラ事件について，一方当事者である相談者（被害者）の言い分を聞くだけでは，事件の真相を明らかにすることが難しいので，客観的資料等の収集を行う必要があります。例えば，メールやメモ，写真といった客観的資料の収集や，加害者とされている者や事情を知っている可能性のある第三者（同僚等）からヒアリングを行います。

　　※事実関係を精査するには，訴訟といった将来の紛争の可能性まで踏まえて行う必要があり，この段階から専門家である弁護士に相談されることをおすすめします。

　さらに，③事業主（企業）は，事実関係の確認を行い，相談者（被害者）の希望や加害者の行為態様の程度に応じて，加害者に対する懲戒処分を検討することになります。

　懲戒処分の内容については，就業規則や過去の処分事例を参考に，バランスを失した処分とならないよう留意する必要があります。

　加えて，④以後，同種の事案が生じないよう，再発防止策の策定を行います。パワハラ事件の再発防止策としては，管理職，一般社員それぞれに対するパワハラ問題への理解を深めるための講演会の実施や研修の実施，相談窓口の設置，就業規則等社内規定へのパワハラ禁止に関する内容の盛り込み，アンケート等を実施して社内調査を行う，といった内容が考えられます。

ここがポイント！③　ハラスメントは会社だけでない！

　ハラスメントは，もちろん会社内でのみ起こるものではありません。大学等教育研究を行う学術機関において，教育研究上の優位な力関係を利用し，構成員に対して精神的・身体的な不利益を与えるアカデミックハラスメント（略してアカハラ）も問題となっています。

　アカハラは，学術機関の構成員である「教授」と「学生」といった組織の構造上，上下関係が生じる関係の当事者間のものが想定されています。

　また，学術機関内でのハラスメント行為が想定されていることから，特に研究の妨害，指導義務の放棄，研究成果の収奪，学位不認定，進学の妨害，過度の叱責等が内容とされています。

　学術機関の内部という閉鎖的な領域でなされる行為を対象としていること，また，指導や学術的評価と関わってくることから，アカハラは行為のハラスメント性を判断するのがより困難です。

　ハラスメントが構成員と組織に大きな悪影響を与えることは社会一般に共有されつつあり，それぞれの領域に即したハラスメント対策に注目が集まっています。

Q8 長時間勤務から体調不良になったため転職をしたいという相談者。法律上会社に問題があるように思うのですが？ 労働基準法 働き方改革関連法

キャリア支援者

長時間勤務から体調不良になってしまったというご相談です。キャリアコンサルタントの養成講座で「働き方改革関連法」について習ったことがあり，長時間労働が規制されていることが頭をよぎりました。しかし，同時に状況をきいて法律的な助けが得られるか否かを理解できる程の知識がないことにも気づきました。改めて教えていただければと思います。

事　案

　Dさん（20代男性）が転職の相談のために来所されました。Dさんは，半年前から転職活動をしていますが，うまくいかず，悩んでいるようでした。

　Dさんは製造業の会社で正社員として働いているそうですが，平日は毎日長時間の残業があり，休日出勤も多い環境で常に疲労し，もうとにかく辞めたいと思うようになったそうです。

　また，1年前から慢性的な体調不良状態になっていて，とりあえず自己判断で市販薬を服用し続けている状況とのことでした。

44

山田弁護士

ワークライフバランスや，転職先企業に今後どのようなもの
を求めるのかについて話してもらい，キャリア相談を進める
ことになりますが，Dさんの場合は，各所へのリファーを意
識すべきポイントが複数あります。

まず，Dさんは「1年前から慢性的な体調不良状態」になり，
「市販薬を服用し続け」ています。日々の仕事に追われ，病
院に通院する時間が取れない状態なのだと思われますが，病
状が詳細に語られるようになった場合，まずは医師へのリ
ファーを検討する必要があります。

次に，Dさんは「平日は毎日長時間の残業があり，休日出勤
も多い」環境で働いたことにより「1年前から慢性的な体調
不良状態」にあります。会社がDさんを職場で安全に就業で
きるように配慮する義務（安全配慮義務）に違反しているよ
うであれば，会社に対して損害賠償請求できる可能性があり
ます。

改めて労働基準法と働き方改革関連法について一緒に見てい
きましょう！

解 説

1 「労働基準法」による労働時間の規制（原則）

法律（労働基準法）では，労働条件を定めています。

週休は1日以上与えられる必要があり，また，法定労働時間（週40時
間）を超える労働を課す条件は許されません。

⬤**労働時間**

　使用者は，労働者に，休憩時間を除き一週間について四十時間を超えて，労働させてはならない。

2　使用者は，一週間の各日については，労働者に，休憩時間を除き一日について八時間を超えて，労働させてはならない。

⬤**休日**

　使用者は，労働者に対して，毎週少くとも一回の休日を与えなければならない。

2　前項の規定は，四週間を通じ四日以上の休日を与える使用者については適用しない。　　　　　　　　　　　　　　　　　　　　（労働基準法32条，35条）

② 法定労働時間以上の労働が認められる場合（例外）

　上記の定めはありますが，一律に法定労働時間以上の労働は違法とすると，労働者にとっても不都合な場合もあり得ます。そこで，法律（労働基準法）は例外を定めています。

　会社（使用者）が労働者と法定労働時間を延長する協定を個々に結べば，労働時間の上限を撤廃できます。労働基準法36条に規定されている協定なので，一般的にこの協定を「三六協定」（さぶろくきょうてい）と呼びます。

　ただし，この協定を結んだ場合にも，延長できる上限は「1か月45時間，1年について360時間」以内です（労働基準法36条4項）。

　さらに，協定に特別条項（労働基準法36条5項）を付けることで，上限以上の労働時間の延長も可能です。

> **●時間外及び休日の労働（三六協定）**
>
> 　使用者は，当該事業場に，労働者の過半数で組織する労働組合がある場合においてはその労働組合，労働者の過半数で組織する労働組合がない場合においては労働者の過半数を代表する者との書面による協定をし，厚生労働省令で定めるところによりこれを行政官庁に届け出た場合においては，第三十二条から第三十二条の五まで若しくは第四十条の労働時間（以下この条において「労働時間」という。）又は前条の休日（以下この条において「休日」という。）に関する規定にかかわらず，その協定で定めるところによつて労働時間を延長し，又は休日に労働させることができる。
>
> 　　　　　　　　　　　　　　　　　　　　　　　　　（同法36条１項）

③　法定労働時間の延長の上限規制（例外の規制）

　このような中，長時間労働が一般化し，常態化していることが社会問題となりました。

　そこで，法定労働時間の延長について規制し，長時間労働を抑制する施策がとられました（働き方改革を推進するための関係法律の整備に関する法律）。

　キャリアコンサルタント養成講座において，「働き方改革関連法」として聞いた方もいらっしゃると思います。この法律は，**労働基準法上の法定労働時間延長という例外に規制をかける**ものです。

　具体的には，三六協定により労働時間を延長する際にも，以下の①～④のような上限を定めています（働き方改革を推進するための関係法律の整備に関する法律１条）。

①年間720時間以内

②ひと月100時間未満（休日労働含む）

③複数月の平均80時間以内（休日労働含む）

④元々の原則である１か月当たり45時間を超えられるのは１年につき６か月以内

働き方改革を推進するための関係法律の整備に関する法律
（労働基準法の一部改正）

第一条　労働基準法（昭和二十二年法律第四十九号）の一部を次のように改正する。

（中略）

　第三十六条第一項の次に次の五項を加える。（中略）

　　前項第四号の労働時間を延長して労働させることができる時間は，当該事業場の業務量，時間外労働の動向その他の事情を考慮して通常予見される時間外労働の範囲内において，限度時間を超えない時間に限る。

　　前項の限度時間は，一箇月について四十五時間及び一年について三百六十時間（第三十二条の四第一項第二号の対象期間として三箇月を超える期間を定めて同条の規定により労働させる場合にあつては，一箇月について四十二時間及び一年について三百二十時間）とする。

　　第一項の協定においては，第二項各号に掲げるもののほか，当該事業場における通常予見することのできない業務量の大幅な増加等に伴い臨時的に第三項の限度時間を超えて労働させる必要がある場合において，一箇月について労働時間を延長して労働させ，及び休日において労働させることができる時間（第二項第四号に関して協定した時間を含め百時間未満の範囲内に限る。）並びに一年について労働時間を延長して労働させることができる時間（同号に関して協定した時間を含め七百二十時間を超えない範囲内に限る。）を定めることができる。この場合において，第一項の協定に，併せて第二項第二号の対象期間において労働時間を延長して労働させる時間が一箇月について四十五時間（第三十二条の四第一項第二号の対象期間として三箇月を超える期間を定めて同条の規定により労働させる場合にあっては，一箇月について四十二時間）を超えることができる月数（一年について六箇月以内に限る。）を定めなければならない。

（中略）

三　対象期間の初日から一箇月ごとに区分した各期間に当該各期間の直前の一箇月，二箇月，三箇月，四箇月及び五箇月の期間を加えたそれぞれの期間における労働時間を延長して労働させ，及び休日において労働させた時間の一箇月当たりの平均時間 八十時間を超えないこと。

本件のDさんが上限を超える違法な長時間労働に従事していた場合，弁護士に相談し，弁護士を通じて違法な労働時間の是正を使用者（会社）に求めるという対処をすることが考えられます。

この場合，労働時間の上限を超えているか否かを正確に判断するためにも，早期に弁護士に相談すべきでしょう。

なぜなら，労働時間とは休憩時間を除き，「使用者の指揮命令下に置かれていると客観的に評価できる時間」を指すのであって，会社にいる時間が即そのまま労働時間といえるわけではないからです。違法な長時間労働が疑われる場合には，本当にそう言えるか否かを判断するためにも，早期の相談が不可欠です。

④ 安全配慮義務違反と損害賠償請求

違法な長時間労働を強いられている労働者が健康を害している場合，会社（使用者）が労働者の安全に就業できるよう管理する義務（安全配慮義務）に反しているせいで健康を害したものとして，会社に対して損害賠償請求を行うことが考えられます。

特に，ひと月の労働時間の延長が，労災保険適用の際における過労死認定の基準を超えている場合には，**安全配慮義務違反**が認められやすくなります。

このように，違法な長時間労働を理由に損害賠償請求をすることもできるでしょう。

Q9 解雇されてしまったので就職先を探している相談者。不当な解雇を受け入れるしかないのでしょうか？

解雇無効　労働審判

キャリア支援者

> 会社の就業規則には懲戒解雇の規定がないのに，突然理由も示されず，弁明の機会もないまま懲戒解雇を告げられたという相談者。不当解雇のように思いますが…。

事 案

　Eさん（40代男性）が就職の相談のために来所されました。Eさんのご相談は，「解雇されてしまったが，以前新卒で入社して長く勤務していたのと同じ運送業界の会社で，再び正社員として働きたい」というものでした。

　Eさんにはまだ学生の2人の子ども（16歳，14歳）がいて，「学費等を頑張って働いて稼がないと家計を維持することができない」としきりに心配している様子でした。急に理由もないまま懲戒解雇され，次の就職先が数か月経っても決まっていないことに焦りを感じているようです。配偶者は現在専業主婦ですが，Eさんの就職活動があまりうまくいっていないのを感じ取り，家計の状況を心配して，働きに出ることも考えているそうです。収入面での不安が，家庭に影を落としていることに責任を感じ，「とにかく何でもいいから就職したいと考えている」とのことでした。

山田弁護士

Eさんは，収入が途絶えて家計の状況が悪化していることにとらわれて，前向きに次のキャリアを考えられていません。本事案で，Eさんを弁護士にリファーできれば，Eさんは前の会社に対して解雇無効を主張し，従業員としての地位があることの確認を求めて労働審判手続を申立て，最終的な解決として，解決金の支払いを受けることが可能かもしれません。この解決金は，現在抱えている家計収支の悪化という悩みを解決してくれるので，Eさんは落ち着いてキャリア支援を受けて，キャリアを構築していけるようになるかもしれません。

解　説

1　解雇無効にあたるか

「解雇」とは，使用者側からする労働契約の解約のことをいいます。

解雇には，「普通解雇」や「懲戒解雇」といった種類があります。

労働者にとって特に不利益が大きい行為であるので，有効無効が争われる際には，形式的な要件を満たしているかだけでなく，合理性があるか，相当性があるかといった実質的な側面からも裁判所が判断します。

形式的には要件を満たす場合であっても，客観的に合理的な理由を欠く場合や社会通念上相当であると言えない場合には無効となります。

> 本件のEさんは，理由を示さず，弁明の機会も付与されないまま懲戒解雇されています。しかも，就業規則に懲戒解雇についての規定はありません。それゆえ，要件を欠くものとして，解雇は無効と判断される可能性が高いでしょう。

② 労働審判による迅速な救済

労働審判とは，労働者と使用主との間の労働トラブルを，**迅速かつ適正に解決することを目的とした裁判所の手続**のことをいいます。

労働審判手続は，労働審判官（裁判官）1名と労働審判員2名で組織される労働審判委員会により行われます。

労働審判員は，雇用関係の実情や労使慣行等に関する詳しい知識と豊富な経験を持つ者の中から任命されます。中立かつ公平な立場で，審理・判断に加わります。裁判官と労働分野の専門家が協働して，適正な結論を出す仕組みです。

また，労働審判事件は原則として3回以内の期日（裁判所で審理が開かれる日）で審理を終結します。平均審理期間は全体の76.3％が**3か月以内**です。

労働関係訴訟（いわゆる正式裁判）の平均審理期間は13.4か月（「裁判の迅速化に係る検証に関する報告書（第5回）」。平成24年の数値）となっており，労働審判は訴訟に比べて，迅速な手続といえます。

> 本件のEさんが労働審判手続を利用すれば，3か月以内に，次の会社への就職活動をしながら，解雇無効を理由とする金銭の支払いを前の会社から受けられる可能性があります。

③ 解決金の支払による解決

労働審判で，解雇が無効であったとされる場合，無効な解雇をされて以降支払われていなかった賃金（給料）は，本来支払われるべきであるのに，支払われていないといえます。

そうすると，解雇の無効を理由に，未払いの賃金（給料）や，支払い

が遅れたことによる損害を賠償するお金（遅延損害金）等の支払いを労働者側から事業主（会社）に対して請求することができます。このような，未払賃金の額等を基準として，事業主（会社）から労働者側に支払われる解決金の額が決まります。

また，解雇が無効であったのですから，労働者側は未だ従業員としての地位を有しているものといえ，労働審判の結果を受けて，再度従業員として職場復帰することも可能です。

とはいえ，違法な解雇を行った会社が，その後当該労働者を雇用する意欲は通常ないでしょうし，労働者の側も，法的な紛争になった相手方である会社に戻ってそれまでと同じように働く気持ちにはなれないのが通常でしょう。

そのような場合には，職場復帰より，手続きの中で退職に応じたうえで，解決金として納得できる金額を受け取るということが望ましいといえ，実際に復職できるけれどもせずに，**解決金を受け取って退職するという解決の仕方**を選択することも多いです。

※　実際に，ある年度の4つの地方裁判所で行われた労働審判事案（従業員としての地位確認に関係する，解雇等を争う事案）の96％が，解決金の支払いで最終的に解決されている，という統計の数字も存在します（「透明かつ公正な労働紛争解決システム等の在り方に関する検討会」平成29年5月31日付け報告書）。

✤ 解決金支払までの流れ ✤

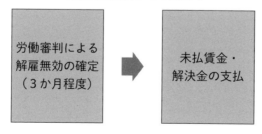

法律のいろは② 知っておきたい法律の種類（公法と私法）

法律と一口に言っても，いろいろな種類のものがあります。
本コラムでは，「公法」と「私法」の別について触れます。

「公法」とは，大まかに言って「国」と「国民」の関係を定める法です。
一方，「私法」とは，「国民」同士の関係を定める法です。

✤ 公法と私法 ✤

「公法」 ➡ 憲法，行政法，刑法，刑事訴訟法など （「国家」と「国民」）
「私法」 ➡ 民法，商法など （「国民」と「国民」）

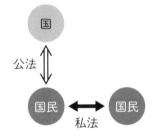

例えば，「人を殴って怪我をさせた」場合，公法に関する法律関係と，私法に関する法律関係を区別して把握する必要があります。

具体的には，「公法」関係としては，「人の身体を傷害した者は，15年以下の懲役又は50万円以下の罰金に処する。」（刑法204条）との刑法の定めに該当し，殴った人は国家から「15年以下の懲役又は50万円以下の罰金」という刑罰を科される可能性があります。

次に，「私法」関係としては，「故意又は過失によって他人の権利又は法律上保護される利益を侵害した者は，これによって生じた損害を賠償する責任を負う。」（民法709条）との民法の定めにより，殴った人は怪我をした被害者から損害賠

償（治療費，慰謝料等）の支払を請求される可能性があります。

　仮に，殴った人が金銭を支払う義務を負うこととなるといっても，国家に対して支払う「罰金」と，被害者に対して支払う「損害賠償」は，別のものです。

　このように，社会で何か事件が起こった際には，公法上の法律関係と，私法上の法律関係を区別して把握しようとする視点を持つことが法律関係を正確に把握するために有益です。

　例えば，「詐欺」と一口に言っても，刑法上の詐欺罪が成立する要件と，民法上でいう「詐欺」（騙されて結んだ契約を取り消すことのできる場合）とは，要件も効果も違います。「公法」（刑法246条1項）と「私法」（民法96条1項）を見てみましょう。

●詐欺

第二百四十六条　人を欺いて財物を交付させた者は，十年以下の懲役に処する。
　　2　前項の方法により，財産上不法の利益を得，又は他人にこれを得させた者も，同項と同様とする。

●詐欺又は強迫

第九十六条　詐欺又は強迫による意思表示は，取り消すことができる。
　　2　相手方に対する意思表示について第三者が詐欺を行った場合においては，相手方がその事実を知り，又は知ることができたときに限り，その意思表示を取り消すことができる。
　　3　前二項の規定による詐欺による意思表示の取消しは，善意でかつ過失がない第三者に対抗することができない。

　社会一般で用いる表現と，法律上の概念とは異なるということを，「公法」，「私法」を区別して見ていくことで実感して，法律的な見方に慣れていただければと思います。

第2章

キャリア支援者が知っておきたい

離婚に関する法律

56

Q10 離婚して就職を希望する専業主婦歴15年の相談者。非常に焦っているようですが，元夫から金銭的支援を受けられないのでしょうか？

〔婚姻費用〕 〔養育費〕 〔財産分与〕

キャリア支援者

> 離婚して，子どものために稼ぎたいという相談者。専業主婦歴が長いことも気にしており，非常に焦っています。何か金銭的な支援策があればよいのですが…。

事 案

　Ｆさん（40代女性，専業主婦）が就職の相談のために来所されました。Ｆさんは離婚したばかりですが，未成年の子どもが２人（13歳，９歳）いるそうです。

　キャリア相談に来たものの，「未成年の子どもを自分ひとりで育てていくためにも，とにかく正社員として就職したい」「正社員であれば何でもよく，自分の好みや希望などは後回しでよい」と言います。

　専業主婦歴が長いことから就職先が見つかるかどうかの不安が大きいようで，興味のある業界や職業を選ぶといったことについては考える余裕もなさそうです。

山田弁護士

> Ｆさんが40代であることからも，今後の職業人生を考える
> にあたっては早期に興味関心を踏まえて職業を選択すべきで
> す。
> 元夫（配偶者）に，経済的サポートを法律上請求できるので
> あれば，それを前提に，雇用形態にだけこだわるのではなく，
> 自己理解・職業理解を深化させたうえで，相談者の興味関心
> のある職業を選択していくようなキャリア支援ができそうで
> す。
> ここでは，夫婦間でできる「請求」について解説します。

解　説

① 婚姻費用分担請求

　法律上，夫婦は生活レベルが同等になるように助け合う義務である
「生活保持義務」を互いに負います。また，婚姻から生ずる費用につい
て，収入その他一切の事情を考慮して，分担する義務があります。
　そのような義務から，別居中の夫婦間で，婚姻費用分担請求を行い，
婚姻から生ずる費用の支払いを請求できます。
　婚姻から生ずる費用とは，日常の生活費のことで，衣食住の費用や医
療費，子どもの養育費，教育費等の費用が含まれます。

② 養育費請求

　婚姻費用分担請求が婚姻中に行う請求であるのに対し，養育費請求は，
離婚後に子どもを育てていく費用を請求するものです。子どもを育てる
方の親（監護親）から，子どもを育てない方の親に請求します。

③　婚姻費用・養育費の請求の特徴

　婚姻費用や養育費は，月額単位で請求額が決まりますが，裁判所は額を決めるための簡易算定表を使って額を決定します。

　簡易算定表は支払を請求する者と支払を請求された者，それぞれの収入額から，概算額が決まります。

　また，婚姻費用や養育費は，他のお金を支払ってもらう権利と異なり，将来発生する額についても，給料債権を差し押えるなど，強制的に支払額を回収できます。

　婚姻費用や養育費は，離婚する一方配偶者，**子どもの生活を支える重要な金銭に関する権利**であることから，手厚く保護されるのです。

④　財産分与の請求

　離婚する場合，その際または離婚後に，夫婦が婚姻中に協力して得た財産を分けることを請求できます。

　財産分与の請求は，一方の配偶者が専業主婦（夫）のように直接的に収入を得ていなかった場合でも可能です。専業主婦（夫）が家事を担当したことで，他方配偶者が家庭の外で仕事をすることができたといえ，他方配偶者の収入により形成した財産は夫婦が婚姻中に協力して得た財産であるといえるからです。

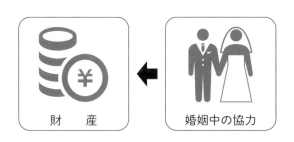

財　産　　←　　婚姻中の協力

❖ 養育費婚姻費用算定表サンプル ❖

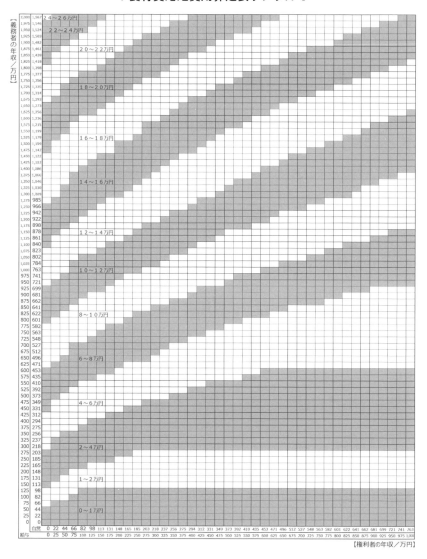

※ 裁判所ホームページより。子 1 人の場合（0 〜 14 歳）。

Q11 Webデザインを学ぶため学校に通いたいと希望するシングルマザーの相談者。元夫の養育費不払いを取り立てることができるでしょうか？

（養育費の強制執行）

キャリア支援者

> キャリアアップのため学校に通いたいが金銭的余裕がないという相談者です。原因には，元夫の養育費不払いがあるようなのですが…。

（事　案）

　Gさん（20代女性，飲食業アルバイト）が就職の相談のために来所されました。はじめは「正社員として安定した働き方をしたいがどうすればよいか」，という相談でした。しかし，話していくうちに，昔から絵を描くことやデザインが好きで，できればWebデザインを学ぶ学校に通って，その学びを活かして働きたいと考えていることがわかりました。

　Gさんは半年前に離婚しており，未成年の子どもが2人（4歳，2歳）いるそうです。現在は実家に住んでいますが，Gさんが仕事をするときにはGさんの母親が子どもの世話をしてくれるので，学校に通うこと自体は可能そうです。

　ただ，Gさんの母親も高齢で生活費に余裕はなく，Gさんが働き続けて生活費を稼がないと生活が成り立たない状況です。生活費を稼ぐために今のアルバイトをやめることができないことから，学校に通う目途が立ちません。

　お金の面に関して，Gさんは離婚後元夫に対して養育費の支払いを求めました。しかし，話し合いをしても，なかなか支払ってもらえない状態が続いているそうです。

山田弁護士

Gさんは，元夫から養育費の支払いに応じてもらえません。そのため，本当は学校に通うことを希望しているのにもかかわらず，生活のために諦めざるを得ない状況です。
養育費は強制執行が可能ですので，強制的に元夫から養育費を取り立てることができれば，Gさんが学校に通い，今後Webデザイナーとして経済的に自立して職業生活を歩んでいくことも可能になりそうですね。

解　説

1　「強制執行」とは

　「強制執行」とは，債権（人に何かしてもらう権利）を実現する手続のことです。具体的には，債権者（権利をもっている人）が債務者（義務を負っている人）の不動産や動産，他の人に対して有している債権等を差し押え，強制的にそれらを金銭に換えて，金銭を回収する手続をいいます。

　強制執行は，強制執行の対象により，「不動産執行」，「動産執行」，「債権執行」の3種類に大別されます。

　債権執行とは，例えば，債務者の給料債権に対して強制執行をすることなどです。具体的には，債務者の勤務先に対して，給料の一部を差し押えたと伝え，債務者の勤務先から毎月債権者に直接給料の一部を支払ってもらい，養育費相当額を債務者から回収するという手段があります。

2　養育費等は特に保護されている

　強制執行を行えるのは，原則として，支払の期限が来ていて，債務者

が払わなければならないのに払わない場合に限られます。そうすると，養育費のように定期的に金銭受け取る内容の債権の場合，毎月の支払期限が過ぎた後にその都度強制執行をしなくてはならないのが原則です。

　しかし，毎月期限が過ぎた後に強制執行をしていかなければならないとすると，手続きの負担が重く，結局は養育費の支払いを請求することを断念せざるを得ない状況になるおそれがあります。

　そこで，養育費のように人の生活のための費用に関するもので，定期的に支払期限がくる請求権については，例外的に，一度の申立てにより，支払期限が未だ到来していない将来の請求権についても続けて差し押さえることができます。

　子どもの生活のための費用という，重要な債権の強制執行は，法律上特に重く保護されます。

　任意に相手が応じない場合には，強制的に権利を実現する手段もあるということを，知っておくとよいでしょう。

　強制執行を行い，債務者の財産から強制的に支払を受けるためには，対象となる財産について債権者が事前に把握していることが重要となります。例えば養育費の支払請求をするのであれば，債務者となる元夫の財産関係を事前に把握しておかねばなりません。

　また，離婚に際しては，元夫の課税証明（養育費の額は，元夫の収入の額も勘案して決められることから）といった資料が後々重要となるので入手しておく必要があります。ただし，この課税証明は「同居」の親族でないと役所で発行してもらえないことから，別居する前に資料を得ておく必要性が高くなります。

　また，事前に把握した債務者の財産を隠されないよう，仮差押え，仮処分といった事前に権利を保護する手続（民事保全）ができるのが望ましく，そのためには早めに法律家に相談する必要があります。

Q12 スクールカウンセラーをしています。学校から生徒の保護者の親権にかかわる相談を受けたのですが… 親権

キャリア支援者

私はある私立高校に勤務するスクールカウンセラーです。キャリアに関する専門家として，現場の教職員の先生方から，様々な学校問題について相談される毎日を過ごしています。ある日，1年生の担任の先生が悩んだ様子で，相談がしたいと言ってきました。内容を聞くと，ある生徒の母親が，生徒の意に反して退学届を出したいと言ってきているとのことです。

驚いて詳しく内容を聞いてみると，その生徒の両親は生徒が高校に入学して以降急速に関係性が悪化し，別居して離婚協議中であり，生徒は父親と一緒に暮らしているとのことでした。

どうやら母親は，別居時に生徒が自分でなく父親を選んだことを恨みに思い，生徒の足を引っ張るために退学させようとしているようです。

退学届を有効なものとして受理するかどうかについて，先生方はこのところ毎日議論しており，私にも意見を聞かせて欲しいとのことでした。

山田弁護士

聞かれても困ってしまう問題ですね。

キャリア支援者の主要な活動領域である教育領域において，しばしば保護者との関係で親権の行使が問題となることがあります。

親権は民法に定められています。民法の定めにしたがって，親権者である父親，母親が子どもに対してどのように親権を行使できるのかを知っていれば，若年者，特に未成年者のキャリア支援の現場で役立つかもしれません。

解 説

1 「親権」とは

　「親権」とは，親（父母）が子どもの生活上必要なことや，財産を管理するために認められている権利のことをいいます。

> ●親権者
>
> 第八百十八条　成年に達しない子は，父母の親権に服する。
> 　2　子が養子であるときは，養親の親権に服する。
> 　3　親権は，父母の婚姻中は，父母が共同して行う。ただし，父母の一方が親権を行うことができないときは，他の一方が行う。　　　（民法818条）

2 「親権」の具体的内容

　親権の内容として，具体的には下記の権利が定められています。

■身上監護権

　親権を行う者は，子の利益のために子の監護及び教育をする権利を有し，義務を負う。
　　　　　　　　　　　　　　　　　　　　　　　　　　　　　　　（民法820条）

■居所指定権

　子は，親権を行う者が指定した場所に，その居所を定めなければならない。
　　　　　　　　　　　　　　　　　　　　　　　　　　　　　　　（民法821条）

■懲戒権

　親権を行う者は，第820条の規定による監護及び教育に必要な範囲内でその子を懲戒することができる。
　　　　　　　　　　　　　　　　　　　　　　　　　　　　　　　（民法822条）

■職業許可権

　子は，親権を行う者の許可を得なければ，職業を営むことができない。
　　　　　　　　　　　　　　　　　　　　　　　　　　　　　（民法823条1項）

■財産管理権

　親権を行う者は，子の財産を管理し，かつ，その財産に関する法律行為についてその子を代表する。ただし，その子の行為を目的とする債務を生ずべき場合には，本人の同意を得なければならない。
　　　　　　　　　　　　　　　　　　　　　　　　　　　　　　　（民法824条）

　本件で問題となる退学届の提出行為は，子の教育に関する事項を決定することであり，身上監護権に属する事柄です。親権の行使に関する事柄といえます。

　まず，離婚協議中ということは父母がまだ婚姻中ですので，父母が親権は共同行使（2人の意思に基づいて行使）しなければなりません（民法818条3項）。

　そうすると，一方の親が他方の同意を得ないで共同名義を用いても，法律行為（退学させる行為）の効果は子に及ばないことになります。

　よって，「母親が退学を言い出しても，父親が同意しなければ無効」（正確には「無効」でなく，「効果が子に帰属しない」）といえます。

③　父母の一方が共同の名義でした行為の効力

父母の一方が共同の名義でした行為の効力

　父母が共同して親権を行う場合において，父母の一方が，共同の名義で，子に代わって法律行為をし又は子がこれをすることに同意したときは，その行為は，他の一方の意思に反したときであっても，そのためにその効力を妨げられない。ただし，相手方が悪意であったときは，この限りでない。（民法825条）

　民法825条に照らせば，母が単独で親権を行使（退学させる行為を行う）する際に，共同の名義（父母の名義）で子に代わって法律行為（退学の意思表示）をした場合に，相手方（学校）が悪意（意味は，母親が父母の名義で法律行為を行っているが，実は父親の意思に反して勝手に母親が行っていると知っていること）である場合であれば，当該法律行為（退学させる行為）は無効とされることになります。

　本件では，詳細が明らかではありませんが，①学校側が父親は退学に同意していないことを知っている，かつ，②子も退学に同意していない場合であれば，母親による退学させる行為のみでは子の退学が有効とならないものと考えられます。

（ここがポイント！）　親権の濫用の主張

　実際に退学させる行為が親権の行使として有効になされた後に，当該行為の無効を主張すること（親権の濫用を主張すること）は，実際上は非常に困難です。

　親権者による親権の行使が相当でない場合，事前に親権の停止（民法834条の2）や，親権の喪失（民法834条）といった子を守る手段も法律上存在しています。

　親権に関する問題が生じそうな場合には，早期に弁護士に相談されることをおすすめいたします。

法律のいろは③ 三権分立ってどういうこと？

「三権分立」という言葉を聞いたことがあると思います。

「立法」,「行政」,「司法」の三権は,それぞれ「国会」,「内閣」,「裁判所」という別々の機関に分属するということを示しています。

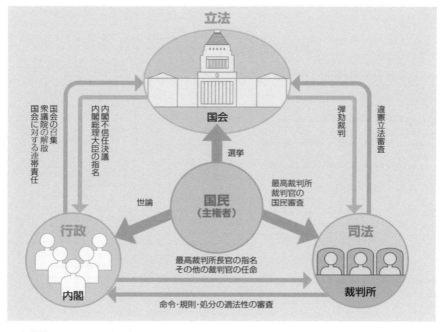

※衆議院ホームページより

法律について学ぶと,「公法」と「私法」の別や「三権分立」の構造は,理解を深めるうえで非常に重要なものだとわかります。

法律は多数決（選挙）で選ばれた国会議員が,国会で多数決をして成立させたものです。成立した法律は「一般的抽象的法規範」として国民が行動する際に予測可能性を担保するためのルールとなります。

そして,国会が成立させた法律（と予算）にしたがって,内閣をはじめとする

行政府が具体的に政策を実行して，国民の生活に関連する活動を行います。

　一方，裁判所は，個々の国民について，国家との関係（公法関係）や，国民同士の関係（私法関係）について，個別具体的に裁判を行って判断する機関です。

　ここで重要なのは，「立法」と「行政」には多数決原理が強く関係していますが，「司法」には多数決原理がほとんど及んでいないということです。

※「ほとんど及んでいない」というのは，最高裁判所裁判官の国民審査の制度が存在する限度で及んでいるからです。

　国民皆が守るべきルールを作り，ルールにしたがって政策を実行することについては多数決原理が及んでいます（「行政」に属する「大臣」の過半数は「立法」に属する国会議員でなければならないと法律で定められています）。

　それに対し，個人の権利義務に関係する場合には，多数決原理から離れた裁判所が，中立公平な立場で，法と証拠に基づいて判断をすることになります。

　非常に大雑把ですが，例を挙げて説明します。

　刑事ドラマで犯人が逮捕される際，「逮捕状が出ている」と紙を見せられるシーンがありますね。

　あの，紙を見せて逮捕するというシーンには，実は三権分立が現れています。

　まず，何が犯罪となるか，また，犯罪を犯したと疑われる人の身柄をどのようにして拘束してよいかは，法律（刑法，刑事訴訟法）で定められています（立法）。

　次に，刑事は警察という行政府に属する公務員であり，警察官による逮捕は，行政の活動の一部です（行政）。

警察官による
逮捕は
行政活動の一部

　さらに，刑事が逮捕する際に示している紙は，刑事が逮捕しに行く前に裁判官にお伺いを立てて，裁判官がその事案の証拠関係も見たうえで逮捕を許す場合に発行する書類なのです（司法）。

　人を逮捕する時，事前に裁判官が許して書類を発行しなければなりません（現行犯逮捕などの例外はあります）。裁判官がその事案の証拠関係に基づいて，逮捕して身柄を拘束するような重大な手続を行ってもよいか否か，一件ずつ判断するのです。

　多数決は，多くの人が正しいと思っているというだけで，それが本当に正しいか，間違っているかを判断するものではありません。

　法律というルールを作る過程（立法）や実行していく過程（行政）では，多数決原理に従った運用をしますが，実際に個人の権利義務について判断をする場合（司法）には，多数決原理では判断しないとする構造を維持することが，「三権分立」の重要な意義です。

　多数派により個人の権利が侵害される可能性がある場合には，多数決から離れた「司法」に判断させることとして，少数派である個人を保護するのです。

　多数決により個人が「悪者」（犯人）にされてしまうことを許さない，という三権分立に基づく司法の立ち位置から，裁判所は「人権を守る最後の砦」と呼ばれます。

第3章

キャリア支援者が知っておきたい

借金に関する法律

Q13 非常に困窮し，住所を持たない相談者。このままでは就職活動も厳しそうだと思うのですが…

生活保護　破産　法テラス

キャリア支援者

> 定まった住所を持たないＨさん。これでは就職活動も厳しそうです。生活保護を受けられれば，家を借りられると思うのですが…。

事　案

　Ｈさん（40代男性）が就職の相談のために来所されました。Ｈさんは，製造業の会社に高校卒業後入社し，工場で働いていましたが，10年前に会社が倒産してしまい，失職したそうです。

　その後は建設現場の日雇いの仕事をして過ごしていましたが，40代になって建設現場での仕事が辛くなり，建設業以外の定職に就きたいと考えて，相談に訪れたそうです。

　Ｈさんの生活環境について聞いていくと，簡易宿泊所にもう何年も暮らしていることがわかりました。

　また，建設現場での仕事を続けてきたことで，腰を痛めており，いつも痛みを抑えるためにコルセットを巻いている状況だということもわかりました。めぼしい財産もなく，医療費を抑えるために病院には全く行っていないようです。

　身体の不調もあって仕事がまったく出来ない時期があり，その時は仕方なく昔契約していた消費者金融のカードやクレジットカードのキャッシング機能を使って，借り入れをして生活費を賄っていたそうです。

　借入の額を聞くと，総額で約400万円を超えており，とても返せるような状況ではないようです。

山田弁護士

定まった住居がなければそもそも就職活動を行うことが困難ですし，病気の治療を受けられない状況で仕事に就き，稼いだ給料のほとんどで借金の返済をしていくというのでは，キャリアを積極的に考えることは困難です。定まった住所をもって，病気の治療を受けて健康を回復できるように，生活保護の受給を申請することが考えられます。

次に，多額の債務からＨさんを解放するため，破産手続を申立てて，裁判所から免責の決定を得て，以降債務の返済を行わなくてもよい状態にすることが考えられます。

解　説

① 「生活保護」とは

　生活保護制度は，生活保護法に基づき，生活に困窮する方に対して必要な保護を行い，健康で文化的な最低限度の生活を保障するとともに，自立を助長することを目的としています。

　生活していくのに必要な生活費や家賃が支給されることに加えて，医療，介護についても給付が受けられます。

　生活保護制度の利用を希望する場合，住んでいる（現在いる）地域の自治体の福祉事務所に申し出ることで，利用を開始することができます。

　そして，生活保護制度により，生活費や家賃の支給を受けて，新たに住居を借りることができるほか，医療費の負担なく，医療サービスを受けて，病気の治療を行うことができるようになり，今後就職活動を行っていくために必要な状況を整えることができます。

　　本件のＨさんの場合，定まった住居がなくとも，現在住んでいる（現在いる）地域の自治体の福祉事務所に申し出ることで，生活保護制度を

> 利用することができます。

② 「破産」とは

　「破産」とは，財産，収入が不足して，債務（借金）を返済する見込みが立たない状態（「支払不能」といいます）であることを裁判所に認めてもらい，債務（借金）を支払う義務を免除してもらう（「免責」といいます），破産法に基づく手続のことをいいます。

　破産を裁判所に申し立てて，免責の許可がなされると，生活に不可欠な財産（99万円以下の現金等）は手元に残したままで，債務（借金）については返済する必要がなくなり，**経済的に再生する機会**が得られます。

　破産の申立ては，書類を揃えたうえで裁判所に対して行う必要があります。弁護士に相談・依頼すれば，スムーズに申請ができるでしょう。

　経済的に困窮している状況にあって，弁護士費用を準備することが出来ない方でも，「法テラス」の制度を利用することで，弁護士に依頼して破産を申し立てることができます。

> 　本件のHさんであれば，近くの法テラス地方事務所に連絡をとり，法律相談を受けて，破産申立手続を弁護士に依頼すべきです。そうすれば，生活保護受給前の債務（借金）約400万円の返済を免れることができます。また，法テラスに申請をすることで，弁護士費用の支払の免除も受けることができるでしょう。

(ここがポイント！) **「法テラス」とは**

「法テラス」とは，法務省所管の公的な法人である「日本司法支援センター」の通称です。

総合法律支援法に基づき設置されており，経済的に余裕のない方などが法律的な支援を必要としているときに，無料で法律相談を行ったり，弁護士費用等の立替えを行う業務（「民事法律扶助」といいます）を行ったりしています。

法テラスが弁護士費用を立て替えて弁護士に支払います。利用者はその後最低月々5千円ずつを支払うことになります。これにより，弁護士費用をすぐに支払えない経済状況の方でも，弁護士に依頼することができます。

また，生活保護受給者であれば，分割の支払いも原則免除される（「償還免除」といいます）取扱いがなされています。

Q14 「今の仕事に不満はないがとにかく給料の額を上げたい」という多重債務者である相談者。家を手放さずに法的支援を受けられるでしょうか？

<u>民事再生</u> <u>住宅資金条項付個人再生</u>

キャリア支援者

> 現在の仕事に充実感を持っていらっしゃる相談者。キャリア相談のきっかけは「とにかく給料の額を上げたい」とのこと。話を聞くと，連帯保証人として負った大きな負債があるようです。家族のために家は手放したくないということですが…

事 案

Iさん（40代男性）が転職の相談のために来所されました。Iさんは，大学卒業後，航空業界の会社に技術系社員として入社し，今も勤務しているそうです。

Iさんとしては，現在の仕事内容に非常にやりがいを感じていて，仕事内容に関する不満はほとんどなさそうです。

また，同僚との関係性も良好で，上司との人間関係にも問題がなく，職場でストレスになるような要素はあまりない様子です。

家庭の状況についても確認的に質問してみましたが，妻との関係，2人の子ども（10歳，8歳）との関係性も良好で，家庭に関する不満もほとんどないようです。

相談内容を聞いていても，転職を考える動機が見えてこないので，「今一番気になっていることを教えてください」と面談後半で促したところ，Iさんは収入面でもう少しよい条件の会社に転職したいと，はじめて転職の動機が収入の向上にあることを話し出しました。

Iさんは最初収入の希望について語るのをためらうような様子でしたが，時間が経つと，思い切ったように「実は」と収入面をなぜ気にしているのか

について，詳しく話し出しました。

　「私の実家は鉄工所をしています。営業状態が悪く，事業を継続するために金融機関からの借り入れを繰り返してきました。経営者である私の父は，以前から事業を畳むことも検討していましたが，従業員の方々のことを考えると，なかなか決断できず，借り入れを繰り返し，経済的信用が足りなくなってきていたために，私に借入れの際の連帯保証人になることを依頼してきました。私は，連帯保証人として責任を負う額が増加していくことに不安を感じていましたが，父の頼みを断ることができず，連帯保証人になりました。

　しかし，借り入れを繰り返して延命していた鉄工所も，倒産（破産）してしまい，倒産以降，私に対して金融機関から債務の返済を求められる状況となりました。

　私は自身の貯金や，財産を売却して債務を支払っていましたが，やがて底をつき，債務の返済や，日々の生活費を工面するために消費者金融から借金したり，クレジットカードのキャッシング機能を利用したりするようになっていきました…」

　現在では，Ｉさんは総額3千万円もの多重債務状態になっており，毎月の返済に追われ，自転車操業状態に陥っています。そのため，収入を増やすためだけに転職をしなければ，と考えるようになったそうです。

　破産をするということも考えたことがあるそうですが，まだ幼い子ども達もいるので住宅を手放すのは絶対に嫌で，破産だけは絶対にしたくないそうです。非常に苦しい状況ですが，住宅ローンを絶対にしっかり払って，家族の生活だけは変えないで済むようにしたいそうです。

山田弁護士

Iさんは転職の相談を希望して来所されていますが，実は債務の返済に苦しんでいて，それを回避するために収入を上げることのできる転職先を探したいようですね。

また，家族との生活を重視しており，住宅を失うことだけは避けたいので，破産はできず，法的な支援を受けることはできないのだと思い込んでいますが…。

Iさんが受けられる法的な支援として，民事再生手続があります。

解説

① 「民事再生手続」とは

「民事再生手続」とは，お金を返す義務を負っている人（債務者）のお金を稼ぐ能力（収益）や財産状態を維持または向上させつつ，お金を返す義務のある金額（負債）を少ない額にする（圧縮）などして，経済的な再起を図っていく手続です。

いわゆる倒産手続の一つなのですが，倒産手続の中にも「清算型」（今債務者の手元にあるお金を，全て債権者に分けてもらい，それでいったん終わりにするという手続（破産等）と，「再建型」（債権者と相談し，同意を得て借金の額を減らし，無理なく返せる額を働きながら返していく手続（民事再生等）があります。

民事再生手続は，「破産」に比べて要件が厳しいです。

ただ，減額した額の借金を返し続けるということで，債権者（お金を取り立てる権利のある人）からすると破産よりも多い額を返してもらうことができ，債務者（お金を返す義務のある人）からしても現状の生活（住宅等も）を守りながら経済活動を続けていくことができ，双方に経済的メリットがあります。

② 「個人再生手続」とは

　民事再生手続の一つである「個人再生手続」とは，以下のような手続です。

①借金（債務）の返済ができなくなった個人が，全てのお金を取り立てる権利のある人（債権者）に対する返済総額を少なくする
②少なくなった後の金額を原則 3 年間で分割して返済する再生計画を立て裁判所に提出
③計画どおりの返済ができれば，残りの借金（債務）が免除され，経済的に再生できる

③ 「住宅資金特別条項」とは

　「住宅資金特別条項」（住宅ローン特則）とは，住宅ローン等の住宅購入資金の貸付を目的とする借金については従来どおり弁済を継続することにより，**自宅を処分することは避けながら，住宅ローン等以外の借金だけを個人再生によって減額し，分割払いとすることができる制度**（条項）のことをいいます。
　この制度を利用するためには，以下のような要件があげられます。

①住宅ローン以外に抵当権が住宅についていないこと
②負債の額が多額でないこと（住宅ローンを除いて概ね5000万円を超えていないこと）
③継続的に収入の得られる定職についていること
④住宅ローンの支払いと再生計画通りの支払いを今後できること

　こららの要件をみたすかどうかについては，弁護士に相談して早期に判断して貰う必要があります。キャリア相談の際には，上記のような制

度が存在することを知っておいていただければ十分です。

> 　本件では，住宅資金特別条項付きの個人再生手続を利用できる要件を
> 満たしているか否かを確認し，同手続を利用できるのであれば，Ｉさん
> は住宅を守りながら他の借金を減額し，現在の仕事を続けながら借金を
> 返済していくことができます。
>
> 　つまり，「個人再生手続の住宅資金特別条項付手続を利用できれば，
> 住宅ローンは返せて住宅を守ることができる一方，他の債務は大幅に減
> 額することができたはずだ」ということを知っていれば，法律家につな
> ぐことができます。そうすれば，Ｉさんは現在のキャリアの危機をひと
> まず脱することができ，40代以降のキャリアを，改めて考えていけるで
> しょう。

Q15 買い物依存症で借金を抱えてしまった相談者。職場に知られずに借金を整理する方法はありますか？ 任意整理

キャリア支援者

> 今の仕事内容に満足しているものの，買い物依存症によって消費者金融への借金がかさんでしまった相談者です。
> 会社に知られると恥ずかしいので転職を考えているとのことですが…。

事　案

　Jさん（40代男性）が転職の相談のために来所されました。Jさんは，製造業の会社に高校卒業後入社し，現在は営業職の管理職として活躍中です。

　Jさんのお話を聞いていると，現在の仕事内容には何ら不満がないそうです。なぜ転職を考えたのかを聞いていくと，収入面を向上させたいとのことでした。希望する収入について聞いていくうちに，Jさんは「実は…」と消費者金融で借金を繰り返してしまっていることを告白し出しました。

　Jさんは営業職として数字を上げていく働き方は好きなのですが，目標となる数字にプレッシャーを強く感じることもあり，心が苦しくなると，つい高額な買い物をしてしまうそうです。

　借金の状況を知る友人からは破産や民事再生といった法律上の制度について助言を受けているそうですが，官報に公告されて，自分が破産することを誰にでも知られる状態にされることへの抵抗が強いこと，また，今勤めている会社から借りているお金もあり，会社に対しても破産や民事再生の手続上通知せざるを得ないので，絶対に嫌だと感じているそうです。

　Jさんは収入を向上させて，借金の返済ができるようになりたいと考えていますが，本音は今の会社に不満はありません。

山田弁護士

Ｊさんは転職の相談を希望して来所されていますが，実は現在の仕事には不満がないようですね。

借金に対処する必要に迫られていることや，仕事のストレスに起因して買い物依存症になっているのが問題です。

借金については弁護士等法律家の支援を受けるのが望ましいでしょう。官報で公告されたくないのであれば任意整理といった方法が考えられます。買い物依存については心療内科等を受診してもらい，専門医の先生の支援を受ける必要がありそうです。

解 説

1　「任意整理」とは

「任意整理」とは，弁護士に依頼して個別の債権者（お金を貸している人）と個別に交渉してもらい，返済が困難になっている債務（借金）について，返済できるように金額と分割回数（返済期間）を定め直すことです。

例えば，現在借りている借金（債務）について，金利については支払わないこととして現在の借金の金額で額を固定し，その額を3年から5年（36回払いから60回払い）の期間を定めて分割して支払う約束を新たにすることが考えられます（このような新たにする約束をすることを「和解」と呼びます。個別の交渉になるので，内容は一概に決まっていません。）。

任意整理は，**借金を返済することが難しい場合に，個別の債権者と交渉して，返済可能な状態にすること**をいうのだと考えてください。

② 任意整理のメリット

　任意整理は，破産や民事再生と異なり，弁護士が個別に債権者と交渉するので，官報で公告されるといったことはありません。

　職場や家族に知られることなく，手続を進めることができる点がメリットです。

　また，弁護士が交渉する際に，いわゆる過払い金（出資法で定められた上限金利29.2％と利息制限法の上限金利15％～20％の差にあたる部分の，払い過ぎた金利に相当する金額）が発生している場合には，**当該過払い金の額を今後の返済額から差し引くことを主張**できます。

　また，これまで発生した金利や今後発生する予定だった金利，遅延損害金（金利とは別に返済が遅れたことで発生する債務）を除いて，元本のみ返済するとして，かつ，３年～５年という**比較的長期間の分割払いに交渉することも可能**です。

③ 任意整理のデメリット

　官報には公告されないのですが，金融機関の信用情報には事故情報（約束したとおりに返済できなかったとの情報）が掲載されます。

　よって，新たに金融機関から借金をしたり，クレジットカードを作成したりすることはできなくなります。

　また，破産と異なり，すべての債務について免責（返済しなくてよくなること）がされることはないので，あくまでも個別の債権者と交渉して返済の条件（金額，分割方法）を合意してもらい，返済していく必要があります。

本件のＪさんのように借金（債務）に悩み，収入を向上する必要にとらわれて，それがキャリア全体の悩みになってしまう人は少なくありません。

さらに，借金（債務）の問題に直面している方の中には，自身が破産すると官報に公告され，誰もがそのことを知ることができる点に強い拒否反応を示される方がいます。それを理由に破産や民事再生手続の利用を躊躇する方もいるでしょう。

そのような場合に，破産や民事再生といった裁判所を利用する手続以外の手段も存在することを知っておいて，リファーの余地に気づけるようにしておけるとよいでしょう。

法律のいろは④　民法ってどんな法律？

　契約等のルールに関する民法の知識は，社会生活をおくるにあたり重要です。

　民法は，市民相互間の私的な生活関係を一般的に規律する法です。そして，市民相互間の私的な生活関係は，財産に関わる関係（財産法）と，親族（家族）に関わる関係（家族法）に大きく分けられます。

　次に，財産に関わる関係は，社会の経済活動に関わる関係といえます。社会の人々は金銭や物を所有し，契約を通じて他人の金銭や物と交換したりする経済活動を行っています。すなわち，経済活動とは，物を所有する関係と，人と人との取引（約束）関係で構成されているものといえます。

　民法では，財産に関わる関係の中でも物の所有関係に関するルールを定めた民法中の条文を物権法，人と人との取引関係に関するルールを定めた民法中の条文を債権法といいます。

　ちなみに，人が物を支配する権利を「物権」といい，人が人に対して一定の行為を求める権利のことを「債権」と呼びます。（「債権」に対応して「債務」が存在します。）
　債権法とは，人が人に対して一定の行為を求める権利である債権に関するルールを定めた民法中の条文のことをいいます。
　そして，債権を発生させる根拠の１つが，次に述べる「契約」です。

1　「契約」とは

　債権の発生根拠としては，「契約」，「事務管理」，「不当利得」，「不法行為」の４つが存在します（「事務管理」と「不当利得」については本稿では取り扱いません）。
　例えば，交通事故で被害者になった場合，加害者に対して，怪我の治療費や慰

謝料といったお金を払う行為（「損害賠償」といいます）を求めることができますが，これは交通事故を起こしたという加害者の被害者に対する行為が民法上の「不法行為」にあたり，被害者が加害者に金銭の支払いを求められるという内容の債権を得られることになります。

　このように，「不法行為」は「債権」を発生させる根拠となります。

　同様に，「契約」も債権を発生させる根拠となります。

　例えば，売買契約を結ぶと，売主は買主に，代金を支払うように求めることができるようになります。また，雇用契約を結べば，雇主（企業）が被用者（従業員）に対して指揮命令に従って仕事をするように要求できる一方で，被用者（従業員）は雇主（企業）に対して給料（賃金）を支払うように要求できることになります。

　まず，「契約」というのは，人が他人に対して一定の行為（例えば「お金を払う」，「仕事をする」といった）を請求する権利を生み出すものであるということを，理解していただければと思います。

2　契約の種類

　次に，「契約」には種類があり，民法上は売買契約や雇用契約といった，13個の契約類型が条文に定められています。

　また，13個の契約類型に当てはまらない契約であっても，当事者間で合意した内容の契約を成立させることができます（例えば「リース契約」のような，既存の契約類型に当てはまらない契約も現在では出てきています）。

　契約をすると，当事者間において契約で定められた一定の行為をすることを求めることができるようになり，契約をしたのにもかかわらず当事者が行為しない場合には，裁判に訴えて債権を実現することができます（ただし，債権の内容により，例外もあります）。

　一定の行為を求める人を「債権者」といい，一定の行為を求められる人を「債務者」といいます。

3 債務不履行とは

　契約を行って債務者（一定の行為をする義務を負った状態の人）となっている人が，自らの責任で債務を履行（その一定の行為をすること）しない場合，「債務不履行」となります。

　「債務不履行」となると，債権者は債務者に対して強制的に債務を履行するよう裁判所を通じた法的措置を採ることができるほか，契約を「解除」して，なかったことにした上で，債務不履行により生じた損害について金銭による賠償を求めることもできます。

　「解除」とは，契約が成立した後に，その一方の当事者（債務者）の意思表示によって契約を解消し，契約から生じた債務を消滅させ，すでに履行されている債務があれば，その返還によって元の状態に戻すことを目的とした法律行為のことをいいます。

　解除はいつでもできるわけではなく，法律上の要件をみたすとき（債務者に債務不履行があるとき等）にのみすることができます。

　例えば，売買契約を結んだにもかかわらず買主が代金を支払わない場合，売主は代金の支払いを求めて裁判所に訴えて強制的に代金を支払わせることもできますし，売買契約を解除して，なかったことにした上で，生じた損害について金銭による賠償を求めることもできます。

　また，債務不履行を理由として解除した場合の損害賠償についても，裁判所を通じて強制的に支払いを求めることができます。

第4章

キャリア支援者が知っておきたい

自分を守る法律

Q16 キャリアコンサルタントの守秘義務違反には，どのような処分があるのでしょうか？

守秘義務違反の法的効果

キャリア支援者

転職活動中の30代女性がキャリア相談のために来所されました。1回目の相談では，これまでの学歴，経歴や現在在籍している会社等について一通り話された後，志望する業界について具体例な社名を挙げながら傾向を話し，和やかに終了しました。

2回目の相談に来所された際，様子がおかしいので話を聞いてみると，「先日のキャリア相談以降，現在在籍している会社の上司や人事部の担当者の自分に対する態度が悪くなった」と話し出しました。そして，「現在在籍している会社の雰囲気が悪くなったのは，キャリア相談の内容が同社の人事に伝わったのではないかと考えている」と言われました。

私は，誤解であり，キャリア相談で聞いた内容は誰にも口外していないと伝えましたが，納得する様子がありません。

「転職活動もまだ始めたばかりであるのに，現在在籍している会社との関係が悪化して早期に退職せざるを得なくなった場合，守秘義務違反で法的措置を執る」と息巻いています。

今回は事実無根ですが，私のようなキャリアコンサルタントが守秘義務違反をすると，どのような処分があるのでしょうか？

山田弁護士

キャリア相談に来所した相談者は，「現在在籍している会社の上司等との関係が悪化したのは，転職活動に関して外部でキャリア相談を受けていることが，その会社に伝わってしまったのが原因である」と考えています。

このような守秘義務違反を相談者から追及される場合，どのような法的手段を執られ，それに対応せざるを得なくなってしまうのかを国家資格キャリアコンサルタントは事前に知っておく必要があります。

解　説

1　「国家資格」とは

　まず，「国家資格」とは，国の法律の規定に基づく資格のことをいいます。

　「国家資格キャリアコンサルタント」は，職業能力開発促進法第30条の3以下に規定があり，国家資格であるといえます。

　国家資格となる資格は，国会で制定された法律に基づく資格であり，当該資格に基づく職業は，社会生活上特に重要なものと言えます。

　そこで，国家資格に基づく職業を行う者が適切に仕事を遂行するよう，法律上種々の義務が課されています。

2　「守秘義務」とは

　「守秘義務」とは，一定の職業や職務に従事する者や従事していた者または契約の当事者に対して課せられる，職務上知った秘密を守るべきことや，個人情報を開示しないといった義務のことをいいます。

　国家資格キャリアコンサルタントには，職業能力開発促進法第30条の

27第2項により，「その業務に関して知り得た秘密」について，「漏らし，又は盗用してはならない」（同条同項）という内容の守秘義務を課されていいます。

　また，守秘義務を定めた条文には，「キャリアコンサルタントでなくなった後においても，同様とする」とも書かれています。国家資格キャリアコンサルタントとしてその業務に知り得た秘密については，国家資格キャリアコンサルタントでなくなった後も守秘義務を負います。

> **●義務**
>
> **第三十条の二十七**　キャリアコンサルタントは，キャリアコンサルタントの信用を傷つけ，又はキャリアコンサルタント全体の不名誉となるような行為をしてはならない。
> **2**　キャリアコンサルタントは，その業務に関して知り得た秘密を漏らし，又は盗用してはならない。キャリアコンサルタントでなくなつた後においても，同様とする。　　　　　　（職業能力開発促進法第30条の27第2項）

③　守秘義務違反による刑事罰（刑事責任）

　職業能力開発促進法は，国家資格キャリアコンサルタントが守秘義務に反した場合，その者を「1年以下の懲役又は100万円以下の罰金に処する」（同法第99条の2）と定めています。

　国家資格キャリアコンサルタントが守秘義務に反する行為をすることは，懲役や罰金といったいわゆる刑罰を科される犯罪行為であると法律上定められているといえます。

　すなわち，守秘義務違反の行為がある場合，捜査機関（警察，検察）の捜査の対象となり，起訴されれば刑事裁判の被告人となって，懲役刑や罰金刑を科される可能性があるのです。

　懲役刑とは，いわゆる刑務所に収容されて刑務作業を行う刑罰です。

罰金刑とは，強制的に一定の金銭を奪うことを内容とすると刑罰です。懲役も罰金も，刑罰である以上，それらを受ければ，前科となります。

　表現が難しいですが，国家資格キャリアコンサルタントが守秘義務違反をすることは，犯罪の一種であり，他の傷害，暴行，窃盗といった犯罪行為と同様に懲役刑や罰金刑という刑罰を受けうる行為であることを，重く受け止める必要があります。

●第八章　罰則

第九十九条の二　第二十六条の六第五項において準用する職業安定法第四十一条第二項の規定による業務の停止の命令に違反して，訓練担当者の募集に従事した者又は第三十条の二十七第二項の規定に違反した者は，一年以下の懲役又は百万円以下の罰金に処する。　　　（職業能力開発促進法第99条の2）

---

④　守秘義務違反による行政処分

　職業能力開発促進法は，国家資格キャリアコンサルタントが守秘義務に反した場合，厚生労働大臣により，「その登録の取り消し，又は期間を定めたキャリアコンサルタントの名称の使用の停止を命じることができる」（同法30条の22第2項）としています。

　ここで，先程の刑罰と何が違うのか，と疑問に思われるかもしれませんが，刑罰は「司法」である裁判所が科すものであるのに対して，行政処分は「行政」の機関である厚生労働大臣が行うものであるというのがまず大きいです（68頁参照）。

　国家資格キャリアコンサルタントの登録の取り消しは，対象者にとって不利益な内容の行政処分です。そのような不利益な処分（不利益処分）をする際には，「聴聞」（不利益な処分を受ける対象者の言い分を行政機関が聴いたうえで処分をする手続）の手続が行われたり，実際に不利益処分がなされた後に「審査請求」（行政機関に対して，処分が違法・不当な場

合にやめて貰うことを求める手続）を行うことができます。

また，違法な（守秘義務違反の事実がないのに処分された等）不利益処分を受けたことについて，裁判所に訴えて（取消訴訟）救済を求めるという方法を採ることもできます。

⑤　守秘義務違反による民事上の責任

これまでは守秘義務違反により国との関係で受ける刑罰や処分について述べてきましたが，国家資格キャリアコンサルタントが守秘義務違反をしたことにより，相談者に損害が生じた場合に，相談者から損害賠償請求を受け，金銭の支払を請求されることもあり得ます。

法律上の根拠について触れると，債務不履行に基づく損害賠償請求（民法415条），または，不法行為に基づく損害賠償請求（民法709条）がなされうる，ということになります。

●債務不履行による損害賠償

第四百十五条　債務者がその債務の本旨に従った履行をしないとき又は債務の履行が不能であるときは，債権者は，これによって生じた損害の賠償を請求することができる。ただし，その債務の不履行が契約その他の債務の発生原因及び取引上の社会通念に照らして債務者の責めに帰することができない事由によるものであるときは，この限りでない。

2　前項の規定により損害賠償の請求をすることができる場合において，債権者は，次に掲げるときは，債務の履行に代わる損害賠償の請求をすることができる。

一　債務の履行が不能であるとき。

二　債務者がその債務の履行を拒絶する意思を明確に表示したとき。

三　債務が契約によって生じたものである場合において，その契約が解除され，又は債務の不履行による契約の解除権が発生したとき。

> **第五章　不法行為**
> **（不法行為による損害賠償）**
> **第七百九条**　故意又は過失によって他人の権利又は法律上保護される利益を侵
> 　　害した者は，これによって生じた損害を賠償する責任を負う。
>
> 　　　　　　　　　　　　　　　　　　　　　　　　（民法415条，709条）

　損害賠償の金額は，債務不履行行為，または，不法行為（この場合は守秘義務違反行為）と因果関係のある損害を賠償するに足りる額，ということになります。

　例えば，守秘義務違反行為に起因して，現在勤めている会社を退職せざるを得なくなった相談者が出た場合，本来得られたはずの一定期間分の収入（給料）相当額や精神的損害に対する慰謝料，また，相談者が通院して治療を受けるなどしていれば治療費として支出した額等々が費目として考えられます。

　また，このような民事上の責任については，被害に遭った相談者が委任した代理人弁護士からの請求（内容証明郵便等の書面で連絡が来る）がなされ，裁判所の手続を利用せずに解決できない場合には，民事訴訟が起こされる（相談者の代理人弁護士が裁判を起こし，民事訴訟の被告になる）ということも考えられます。

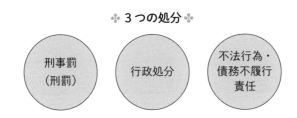

❖ **3つの処分** ❖

刑事罰
（刑罰）

行政処分

不法行為・
債務不履行
責任

　本件のように守秘義務違反の事実関係に争いがある場合や，相談者の請求する金額が不適切であると考える場合には，請求を受けた国家資格キャリアコンサルタントの側でも弁護士に相談し，場合によっては弁護士に対応を依頼する必要が生じることになります。

　国家資格には，相応の法律上の義務が課されます。そのことを知っておかなければ，知らず知らず高いリスクのある行為を行ってしまうということになりかねません。

　日常的にキャリアに関する仕事をしていく中で，「ついうっかり」と義務違反行為をしてしまうことがあり得ます。

　例えば，人事部に勤務する企業内国家資格キャリアコンサルタントが，従業員のキャリア相談を担当して，相談者の許可を得ていない相談内容まで社内で共有してしまう…。

　このようなことのないよう，法的義務に違反した場合のリスクを正確に把握し，義務違反行為を行わないように常に注意しなければなりません。

Q17 「転職活動が上手くいかないのはキャリアコンサルタントのせい」と，SNSで誹謗中傷を受けました。どのような法的措置がありますか？

IT分野と損害賠償

キャリア支援者

転職活動中の40代女性がキャリア相談のために来所されました。これまでの学歴，経歴や前職での仕事内容等について一通り話を聞いた後は，転職活動がもう6か月以上にも及ぶのに内定がなく，精神的に疲れてきていることについて繰り返し話すのを聞いて，1回目の相談を終了しました。

その後，2回目の相談に来所された際の様子がおかしいので話を聞いてみると，「先日のキャリア相談を受けて，履歴書や職務経歴書の内容を変えてみて求人に応募しているが，以前より手応えが悪くなっている」と感情的に話し出しました。以前のキャリア相談では，履歴書や職務経歴書の内容を変えるという話はしていないことを伝えましたが，納得する様子がありません。

相談者は，「転職活動がうまくいかないのは先日のキャリア相談のせいである」，「わざと失敗するようにアドバイスをされた」と頑なに抗議する姿勢をやめず，2回目のキャリア相談は内容がないまま終了し，以降彼女とは連絡がつかなくなりました。

その後，私を名指しで，ネット上の匿名掲示板に「自分のストレスを発散するために，相談者がわざと失敗するようにアドバイスをするキャリアコンサルタントである」と書かれているのを発見しました。

その後，ネット上での書き込みはエスカレートし，私の実名

を出して「バカ」,「アホ」といった罵詈雑言が書かれている
ほか,「万引きの常習犯である」や「近所で放火した放火犯
である」などと, 根も葉もない誹謗中傷まで書き込まれてい
ました。

山田弁護士

この事例ではネット上に罵詈雑言や誹謗中傷が書かれていま
すが, 匿名掲示板であることから, 書き込んだのが誰かわか
らない状況です。

ただ,「自分のストレスを発散するために, 相談者がわざと
失敗するようにアドバイスをするキャリアコンサルタントで
ある」という最初の書き込みは, Mさんが2回目のキャリア
相談で主張していた,「わざと失敗するようにアドバイスを
された」という内容と一致しているように見えます。

このように, ネットを通じて誹謗中傷がなされる事件が発生
した場合, 内容から書き込みをした犯人が推察できる場合で
あっても, 多くは匿名で書き込みがなされ, 書き込んだ者を
すぐには正確に特定できません。

インターネット上で匿名で誹謗中傷をされた場合に, どのよ
うな法的対応ができるかについて, 説明します。

解 説

1 執りうる手段

匿名の誹謗中傷があった場合, まずはサイトの管理者やプロバイダに
書き込みの削除を請求します。

応じてもらえない場合には, **削除仮処分**という一種の裁判手続によっ
て削除を請求できます。

次に, 発信者情報の開示請求を行います。投稿者を特定するための裁

判手続を執り，**投稿者を特定**します。

　さらに，投稿者（相手方）を特定したうえで，損害賠償請求（民事上の請求）を行うか，投稿行為が犯罪であることを指摘して刑事上の責任を追及していくことが考えられます。

　以下に，手続の概要を説明していきます。

② 削除仮処分とは

　仮処分とは，裁判の一種ですが，通常の裁判（訴訟）よりも迅速な手続で暫定的に判断されます。

　削除仮処分とは，裁判所が，ネット上の投稿記事により特定人の人格権（名誉権やプライバシー権等）への侵害が一応認められると判断する場合に，一定額の担保金（30万円程度の場合が多い）を供託することを条件に「削除を仮に認める」との決定を出すものです。

　裁判所が「削除せよ」との仮処分決定を出すと，多くのプロバイダは削除に応じ，誹謗中傷を内容とする投稿が公衆に閲覧されない状態を作出することができます。

　通常の裁判では1年以上解決まで時間が掛かるのが通常ですが，仮処分であれば遅くとも1～2か月で結論が出ます。

　本件では，「万引きの常習犯」や「放火犯」といった，名誉権を傷つける，事実と異なる内容の投稿が行われていることから，削除仮処分が認められる可能性があります。

③ 投稿者の特定（開示請求）

　ネット上の掲示板への投稿者を特定する際には，プロバイダに投稿者を識別する記号（IPアドレス，タイムスタンプ）の開示を求めることで行います。

　この場合，投稿者に辿り着くためには，複数の段階（裁判）を行う必要があります。

　また，プロバイダが投稿者を識別する記号を保存している期間は3か月程度のことが多いことから，手続に時間を要する場合には，手続が終わるまで識別する記号を保存しておいて貰う裁判（発信者情報消去禁止の仮処分）を別途執ることも考えられます。

　開示請求が認められるためには，特定人のことを指して，権利の侵害が認められる投稿内容であること等の要件を満たす必要があり，弁護士に依頼せずに行うことは困難であるといえます。

　ただし，投稿者識別情報の保存期間は通常3か月程度です。それゆえ，投稿による被害を確認された場合には，即座に弁護士に相談することが重要です。

④　損害賠償請求（民事上の請求）

　投稿者が特定できたら，その者に対して，投稿により生じた損害について，金銭による賠償を請求することができます。

　ネット上の誹謗中傷案件ですと，概ね100万円を上限とする慰謝料や，投稿者を特定するために掛かった調査費用（弁護士費用）等について損害賠償請求を行います。

　請求する手段としては，弁護士に依頼しての示談交渉（裁判外での交渉）や，訴訟を提起することになります。

⑤　刑事告訴（刑事責任の追及）

　さらに，投稿者が投稿記事を投稿した行為が，刑法上の犯罪，すなわち，名誉棄損罪，侮辱罪，信用毀損罪，偽計業務妨害罪，威力業務妨害罪といった犯罪に該当すると指摘し，捜査機関（検察，警察）に投稿者

の処罰を求めること（刑事告訴といいます）が考えられます。

　この場合も，犯罪の要件を満たしていることを明確に主張し，基礎的な証拠も提供して告訴を受理してもらう必要があり，刑事告訴を行う際には専門的知識の必要性が高くなります。

　また実際に，一口に誹謗中傷であると言っても，事実を示して行った場合が名誉棄損罪になり，それ以外は侮辱罪になります。そして，名誉棄損罪の法定刑が「3年以下の懲役若しくは禁錮，又は，50万円以下の罰金」であるのに対して，侮辱罪の法定刑は「1年以下の懲役若しくは禁錮若しくは30万円以下の罰金又は拘留若しくは科料」（令和4年7月7日施行の法改正がありました）とされており，「拘留又は科料」（懲役・禁錮，罰金よりも軽微な罰則であると考えてください）がある分，似たような犯罪にも思えますが，侮辱罪の方が処分（刑罰）が軽いということもあります。刑事告訴する際に，より投稿者が行った行為に即した責任を取って貰うためにも，弁護士に早期に相談して刑事告訴を行っていくことが重要です。

　加えて，刑事告訴を行って，投稿者に対して捜査機関により捜査が行われると，投稿者は刑事上の責任を軽くするために，被害者に対して金銭を支払って示談しようとするモチベーションが生じます。

　そのような関係から，刑事告訴と民事上の請求を両方行っていくことも効果的な方法です。

　本件でも，投稿者を特定したうえで，「万引きの常習犯」や「放火犯」といった誤った事実を示す内容の投稿について名誉棄損罪に該当すると刑事告訴したうえで，慰謝料等の損害賠償請求を行っていくことが考えられます。

Q18 雇用契約を結んで仕事をしたのに「ボランティアだと思っていた」と支払いがありません。賃金未払いにどのような法的措置がとれますか？

賃金に関する諸問題　最低賃金法

キャリア支援者

転職活動中の40代男性がキャリア相談のために来所されました。これまでの学歴，経歴や前職での仕事内容等について一通り話を聞いた後，なぜ転職活動を考えたのかを聞きました。そうすると，「今の職場は給料の支払いが滞ることが多く，過去には未払のままウヤムヤにされたこともあって，信用できないから転職したいのだ」とのことでした。

キャリア相談終了後，相談を担当したキャリアコンサルタントである私は，給料の未払い問題について繰り返し考えていました。

私自身，仕事を既に終えたのに，雇用契約を結んでいるZ社が約束を守ってくれず，未だに給料が振り込まれていない状態であったからです。過去に私はZ社から依頼されて大学生を対象に講義をしたり，キャリアコンサルティングを行ったりする仕事をしていました。

上記の相談をきっかけに，私も意を決して，Z社の担当者に給料を約束通り支払ってくれるよう，電話しました。

しかし，Z社の担当者は，「大学生対象の仕事をしてもらったのは事実だが，今回の仕事についてはボランティアでしてもらうという話だったはず」と言って支払いに応じません。

山田弁護士

> キャリアコンサルタントが転職希望者の相談を受ける際に，現在の職場の待遇について尋ねたり，転職先の待遇について希望を聞いたりすることがあると思います。その際に，今回の来所された相談者のように賃金の未払い問題について語られることもあるかもしれません。
>
> また，キャリアコンサルタントの業界では，スポット的に業務を委託される仕事が多いことから，賃金（報酬）の支払いに関してトラブルになる危険性が存在しているといえます。

解　説

1　「労働契約」，「労働者」とは

　賃金について説明する前提として，「労働契約」と「労働者」について説明します。

　まず，法律（労働契約法）は，以下のように定めます。

●労働契約

　労働契約は，労働者が使用者に使用されて労働し，使用者がこれに対して賃金を支払うことについて，労働者及び使用者が合意することによって成立する。

（労働契約法 6 条）

　労働契約とは，基本的に雇用契約と同一の概念です。

　法律（民法）は，雇用契約の成立要件について，次のように定めます。

●雇用契約

　雇用は，当事者の一方が相手方に対して労働に従事することを約し，相手方がこれに対してその報酬を与えることを約することによって，その効力を生ずる。

（民法623条）

人が労働を提供する内容の契約としては，雇用契約以外に委任契約や請負契約などもありますが，基本的に委任契約や請負契約による労働の対価として受け取る金銭は「労働契約」によって受け取る金銭（すなわち後述の「賃金」）ではないことになります。

> ※ただ，形式的に委任契約や請負契約という名目で契約していても，実質が雇用契約であると判断される場合には，労働契約による賃金として，法律上保護される場合もあります。

次に，法律（労働基準法・労働契約法）は，「労働者」を使用，すなわち指揮監督されて労働を提供する者であると定義します。

> ●**労働者**
> 職業の種類を問わず，事業又は事務所に使用される者で，賃金を支払われる者をいう。 （労働基準法9条）
> 使用者に使用されて労働し，賃金を支払われる者 （労働契約法2条1項）

このように，法律は労働者が労働契約に基づいて労働を提供した対価として金銭（賃金）を受け取る権利を，特に厚く保護していいます。なぜなら，そのような金銭（賃金）は，労働者が生活していくための糧だからです。

② 「賃金」とは

法律上（労働基準法上），「賃金」とは，以下のように定義されます。

> ●**賃金**
> 賃金，給料，手当，賞与その他名称の如何を問わず，労働の対償として使用者が労働者に支払うすべてのもの （労働基準法11条）

　いわゆる「賞与（ボーナス）」や「退職金」,「住宅手当」,「通勤費」など, 就業規則や労働契約で支給の条件が明確に定められているものも含みます。「賃金」に該当する場合, それを受け取る権利は特に重要なものであるから, 法律上特に厚く保護されます。

③　賃金の支払に関する原則

　法律（労働基準法）は, 労働者の生活に必要な賃金が確実に労働者の手元に届くよう, 賃金の支払方法について特に原則を定めています。
　具体的には, 使用者は, ①通貨で, ②直接労働者に, ③その全額を支払わなければならない（労働基準法24条1項）ものとし, かつ, ④毎月1回以上, 一定の期日を定めて支払わなければならない（労働基準法24条2項）という原則を義務付けます。
　例えば③の原則は, 会社（使用者）が労働者に対してお金を貸し付けていたとしても相殺する（賃金を支払わないことで, お金を返して貰ったことにする）ことを許さないものとして, 労働者が生活に必要な資金である賃金を確実に受け取ることができるようにしています。

④　最低賃金法

　さらに法律（最低賃金法）は, 賃金について最低額を保障し, 最低額より低い額の賃金を定める労働契約は, 賃金を定める部分を無効とし, 最低額で契約したものとして保護します。
　よって, 会社（使用者）から支払われていた賃金が最低賃金法による最低額を下回っている場合には, 労働者は最低額との差額の支払いを会社（使用者）に請求することができます。

5 請求の方法

　会社（使用者）が最低賃金法や賃金の支払いに関する原則に反している場合，労働者は適法に賃金を支払ってくれるよう，弁護士に依頼して請求したり，労働審判（51頁参照）や訴訟（裁判）手続を利用して請求することができます。

> 　本件のキャリアコンサルタントは，Ｚ社から「ボランティア」で仕事をしたと言われていますが，賃金が０円であるというのは最低賃金法違反であることが明らかです。
>
> 　Ｚ社と当初合意していた額が最低賃金を上回る場合にはその額，そうでない場合にも，少なくとも最低賃金の額の支払いを請求することができます。
>
> 　賃金が法律上特に厚く保護されていることを知ったうえで，賃金の支払いについて会社（使用者）から違法な扱いを受けた場合には，早期に弁護士に相談して法律上の請求を行うべきでしょう。

Q19 友人に貸したお金が返ってきません。どのような 法的措置がとれますか？

債権回収（債権名義・保全・執行）

キャリア支援者

友人からお金を返してもらえないので困っています。友人にはすでに100万円貸していて，返済期限も過ぎています。それにもかかわらず，「また貸してほしい」と言ってきました。キャリア面談でも，「お金を返してもらえない」という方がいましたが，どうすれば取り戻せるのでしょうか。

今後キャリアコンサルタントとして独立して事業を行おうと考えているので，今後のためにもきちんと対応策を知っておきたいです。

山田弁護士

フリーのキャリア支援者として活動する時や，自分で会社を起業する際に重要になってくるのが，債権回収に関する知識です。

債権回収とは，非常に簡単に説明すると，法律上お金を払ってもらう権利を有しているのに，お金を払って貰えない時，どのようにしてお金を払ってもらうか（「払ってもらう」と書きましたが，相手があくまでも応じない場合には，相手の意思に関係無く強制的に取り立てることも含みます）ということです。

基本的には，訴訟（裁判に訴えること）をして，勝ち（勝訴），お金を返してもらう権利があると言う主張に理由があると裁判所のお墨付きを得たうえで，それでも相手方が支払わない場合には，「強制執行」という強制的にお金を取り立てる裁判所の手続を行うことになります。

① 「債権回収」とは

そもそも,「債権回収」とは,債権者(お金を払ってもらう権利を有する人)が,債務者(お金を払う義務を負う人)からお金を払ってもらう手続のことをいいます。

企業や個人事業主が活動する中で,例えば売掛金があるのに期限までに取引先が払ってくれなかったり,貸したお金を相手が返してくれない,という事態が生じるのは,容易に想像できると思います。

お金を払ってもらう権利があるのに相手が払ってくれない場合に,法的にお金を払ってもらう(相手が拒否しても強制的に回収する)方法が債権回収です。

債権回収を行うためには,各段階で気を付けるべき点があります。

① **お金を貸す段階(担保)**
・担保をとっておく
・相手所有の不動産に抵当権を設定しておく
・相殺や所有権留保をしておく

② **お金を払ってもらう権利を裁判所等に確認してもらう「債務名義」に関する段階**
・勝訴判決を得るために契約書や証拠となる書面をきちんと作成しておく
・強制執行認諾文言付きの公正証書を作成しておく

③ **強制的に相手からお金を回収する「強制執行」段階**
・相手の財産(預貯金や現金,不動産,売掛金債権)を確認しておく

以下,①〜③について説明します。

② 「担保」とは（①）

　「担保」とは，債権者が債務者の財産を売り払えるようにする契約をしておく等して，文字通り**債権を担保できるようにしておく仕組み**のことをいいます。

　例えば，債権者が債務者の所有している不動産（土地・建物）に抵当権という権利を設定しておくと，債務者が借りたお金を返さない場合に，債務者の不動産を売り払い（競売），売ったお金からお金を回収することができます。

　また，債権者が債務者からお金を返して貰えないときに，例えば債権者が債務者にお金を払う義務を負って（債務者から何かを買ったりして代金支払い義務を負ったりして），債権者が債務者から払ってもらう金額と対等額で相殺するということも担保の一種です。

　さらに，債権者が債務者に何か売る際に，代金を払ってもらうまで売った物の所有権を債権者に残しておくという「所有権留保」も担保の一種です。実際に自動車をローンで買う際には，ローンの完済まで自動車ディーラーが持っているものとすることで，もし債務者（買主）がローンを支払わなくなったときは，債権者（売主）がその自動車を自由に別の人に売って，お金を回収することができます。

　このように，お金を払って貰う権利を守るため，まずは「担保」をとっておくということが考えられます。

③ 「債務名義」とは（②）

　「債務名義」とは，債務者にお金を支払ったりする義務（給付義務）を強制的に行わせる手続（強制執行）を行う場合に，その前提として必要となる**公的機関が作成した文書**のことをいいます。

　例としては，債権者の主張を認める確定判決（勝訴判決）が挙げられ

ます。債務者に強制的にお金を支払わせたりするためには，裁判で審理を経て，債権者の言い分にきちんと理由があると確認されていることが必要です。

　ちなみに，確定判決（勝訴判決）以外にも，債務名義となる文書はあり，例として「強制執行認諾文言付公正証書」があります。

　強制執行されても文句をいわないという内容の文言を含んだ公正証書（強制執行認諾文言付公正証書）を作成していた場合には，裁判をして勝つというプロセスを経なくても，債権者は強制執行をできます。

　このことから見ても，公証役場で公証人（元裁判官や元検察官の方がなっていることが多いです）が作成する「公正証書」という文書は，非常に強い効果をもっていることがわかります。

　以上のように，事前に準備をしていなかった場合には，強制執行をするため，裁判で勝たなければならないということを頭の片隅に入れておいていただきたいと思います。

（ここがポイント！）　「勝訴」するために重要なこと（証拠の重要性）

　原則として裁判で勝って債務名義を得ないと強制執行ができないという話をしましたが，裁判で勝つためには，法律の要件に合った事実を主張し，証明する必要があります。簡単に言うと，ただ「貸した」というだけではお金を貸したと裁判所では認めてもらえず，公平中立な第三者である裁判官が「貸したのだろう」と思えなければ，債権者の「貸した」という主張は認めてもらえず，勝てないということです。

　そして，公平中立な第三者に認めてもらうには，主張に合った「証拠」を提出する必要があると言えます。

　証拠の例としては，例えばお金を人に貸した場面ですと，①お金を貸したという内容の契約書（「金銭消費貸借契約書」といいます。いつ，誰

が，誰に，いくらの金額を，いつまでに返すという約束で貸したのか，ということがわかる内容で作っておく必要があります。）や，②実際にお金を貸したことを示す「領収証」や銀行振り込みでお金を振り込んだことを示す通帳の記載，等々が必要となります。また，業務委託費の支払を求める場面でも，①業務委託の内容を示す契約書や，②実際に委託された内容のお仕事をしたこと，等々に関する証拠が必要です。

　このように，きちんとお金を相手に支払ってもらおうと思ったら，お金を貸す際（業務委託契約をする際）にしっかり契約書を作成しておく等，証拠を作っておくことがまず重要になります。

　証拠に基づいて裁判をしてお金を返してもらう以上，裁判で勝てるかどうかは，それ以前にきちんと証拠を持っているかどうか（証拠を作っているかどうか）で決まります。すなわち，お金をきちんと返してもらおうと思ったら，お金を貸す時にどれだけきちんと証拠を作成しているかが重要です。日頃から契約書をきちんと作成したり，お金を渡した際に領収証を作成してもらっておきましょう。

4 「強制執行」とは（③）

　「強制執行」とは，債務者にお金を支払ったりする義務（給付義務）を強制的に行わせる手続をいいます。

　例えば，お金を支払わない場合に債務者所有の土地・建物を差し押えて競売にかけ，競売で売れた代金から債権者がお金を回収する（不動産執行，競売手続）ということがあります。

　このように，相手がどうしてもお金を払わない場合に，その意に反してお金を支払わせる（回収する）ことができる強力な手続が強制執行です。

　強制執行には，預貯金を差し押えて債権者のものにする手続も存在します。

　重要なのは，債権者とすれば，強制執行ができるためには，債務者がどこに不動産を所有しているのか，どこの銀行のどこ支店に預貯金の口座を有しているのかを知っている必要があるという点です。**債務者の財産状況の調査を行っておくこと**が，債権を回収するために不可欠です。

　裁判所は，強制執行はしてくれますが，基本的に債務者の財産を調べてはくれません（債務者に財産を開示させる手続があるにはあるのですが）。

　債権回収の成否は，「債務者の財産状況を事前にどれだけ調べておくか」にかかっていることを，日常的に頭の片隅に置いておいてください。

預貯金

不動産

相手の
フトコロ事情は？

⑤　「保全」とは

　これまで「執行」のお話をしてきましたが，「執行」の前提として，**債務者が財産隠しを出来ないようにする手続**も存在します。そのような手続を，「保全」といいます。

　「保全」は，例えばお金を借りた時には債務者の所有であった不動産を，債権者が強制執行してくる前に他人の物にしてしまう（登記名義を他人にしてしまう）おそれがある場合に，債務者の物として固定しておく（他人に名義を移せなくする）手続をいいます。

　「保全」は，裁判をして債務名義を得る前に行います。

　事業活動を行う場合，約束を守ってくれない相手（約束通りお金を支払ってくれない債務者）と出会うリスクが常に付きまといます。

　債権回収に関する知識は，キャリア相談の際に相談者が話す内容を理解する際の一助となるのはもちろん，キャリア支援者がリスクに備えながら事業活動を行っていくために非常に有用です。

　お金を貸す時には，「担保」を取っておくことにより，お金を返してもらえないリスクに備えることができます。

　さらに訴訟の際には，お金を返してもらう権利があるという主張を裏付ける証拠があるかどうかが重要です。言い換えると，お金を貸す時に，後でお金を返してもらう権利があることを証明できる証拠をどれだけ作っているかを意識するべきでしょう。

法律のいろは⑤　時効ってなに？

　「時効」は権利を発生・消滅させる原因となるものであり，時効に関する法律的基礎知識を身に付けておくことは重要です。

　時効がキャリア領域で注目されるのは，労働契約（雇用契約）上の賃金債権（給料を支払ってもらう権利）が時効によって消滅してしまう期間が，他の債権に比べて短いというトピックに関連することが多いです。

　賃金債権に関する時効期間を理解しておくことで，キャリア面談のための前提知識や，キャリア支援者が自身の賃金について考える際の知識を準備しておいていただきたいと思います。

1　時効とは

　さて，「時効」という言葉は社会一般的に使われていいますが，その法律的な意味については，特に意識的に調べない限り，把握していらっしゃらない方がほとんどだと思います。

　「時効」とは，「契約」や「不法行為」と同じく，権利関係を変動させる民法上の制度をいいます。

　ある事実状態（ある者がある物の所有者であるかのような事実状態や，ある当事者間の債権・債務関係が存在しないかのような事実状態）が一定の期間（時効期間）継続した場合に，その事実状態に対応する権利関係を認めるというものです。

2　取得時効と消滅時効

　「時効」は「取得時効」と「消滅時効」に分けられます。

　「取得時効」とは，ある者が権利者であるかのような状態が継続した場合に，その者を権利者と認める時効のことをいいいます。例えば，他人の土地に20年間住んでいた人がいた場合，その人に土地の所有権を認める（その反面，元々その土地を所有していた人の所有権は消滅する），といった場合があります。

　「消滅時効」とは，ある権利が行使されない状態が継続した場合に，その権利の消滅を認める時効のことをいいます。例えば，お金を借りて，返さなくてはな

らない時から5年経過した場合に，そのお金を返さなくてよくなる（貸金債権が消滅する），といった場合があります。

※本稿では，主に消滅時効について取り扱います。

3　時効期間の違い

消滅時効の期間は，権利（債権）によって異なります。

まず，貸金債権（貸したお金を返してもらう権利）といった一般的な債権については，客観的に見て弁済期（貸したお金を返してもらえる時）から10年，主観を考慮して，債権者が権利を行使できることを知った時から5年という2種類の時効期間があります。

次に，不法行為に基づく損害賠償請求権についても，客観的に見て不法行為の時から20年，主観を考慮して，債権者が損害及び加害者を知った時から3年（人の生命又は身体を害する不法行為の場合は5年）という2種類（正確には3種類）の時効期間があります。

4　労働契約に基づく賃金債権の時効期間

労働契約（雇用契約）に基づく賃金債権（給料債権）の時効期間については，注意が必要です。

令和2年4月1日に民法が改正（「債権法改正」とも呼ばれています）される以前は，労働契約に基づく賃金債権の時効期間は，「1年」と特に短く定められてされていました（「短期消滅時効」といいます）。

しかし，1年で給料に関する債権が消滅してしまうのはあまりにも期間が短く，労働者の保護の観点から2年に延長すると労働基準法が別に定めていました（労働基準法115条）。

よって，民法改正以前（令和2年4月1日以前）は，「2年」でした。

ところが，民法が改正されて，労働契約に基づく賃金債権の時効期間は「1年」とする短期消滅時効の規定は削除され廃止されました。

そうすると，労働契約に基づく賃金債権の時効期間は，労働者保護の観点から「2年」にする必要はなく，上述の一般的な債権に関する時効期間と同じく，債

権者が権利を行使できることを知った時から「5年」とすればよいことになると思えます。

　しかし，使用者側（企業側）から，いきなり「2年」から「5年」に時効期間を延長することに反発する声が上がりました。時効期間が延びるということは，未払いの残業代等のある企業の場合，企業が従業員に支払わなければならない債権（賃金債権）の額を大きく増加させることになるからです。

　そこで，民法改正にともない労働契約に基づく賃金債権の時効期間は，改正民法の定めにしたがって「5年」とするが，「当分の間」は，「3年間」とするとの内容の労働基準法改正が行われました。

　よって，現在労働契約に基づく賃金債権の時効期間は「3年」となっています。

　「当分の間」というのは，文字通り「3年」としておく期間が定まっていないということであり，他の法律の例を見ると，法改正がない限り，半永久的に「5年」でなく「3年」とする定めがされているものといえます。

●民法

第百六十六条　債権は，次に掲げる場合には，時効によって消滅する。
一　債権者が権利を行使することができることを知った時から五年間行使しないとき。
二　権利を行使することができる時から十年間行使しないとき。
2　債権又は所有権以外の財産権は，権利を行使することができる時から二十年間行使しないときは，時効によって消滅する。
（中略）

●労働基準法

第115条　この法律の規定による賃金の請求権はこれを行使することができる時から5年間，この法律の規定による災害補償その他の請求権（賃金の請求権を除く）はこれを行使することができる時から2年間行わない場合においては，時効によつて消滅する。

附則第143条
（中略）
　第115条の規定の適用については，当分の間，同条中「賃金 の請求権はこれを行使することができる時から5年間」とあるの は，「退職手当の請求権はこれを行使することができる時から5年間，この法律の規定による賃金（退職手当を除く）の請求権 はこれを行使することができる時から3年間」とする。

第5章

キャリア支援者が知っておきたい

その他の法律

Q20 キャリアコンサルタントとして会社起業を考えています。どのような法人を設立すればよいでしょうか？ 法人とは・会社の種類

キャリア支援者

キャリアコンサルタントをしています。養成講座の同期から誘われて，一緒に法人を設立して，キャリア支援に関する事業をしようと考えています。

しかし，法人といっても様々な種類があり，よくわからなかったため，すぐに話が暗礁に乗り上げてしまいました。どのような法人があるのか教えてください。

山田弁護士

キャリア支援者が会社を立ち上げて事業を行う例が増えてきたと感じています。

会社をつくると，個人事業主として仕事をする場合と何が違ってくるのでしょうか。

一口に会社といっても，「株式会社」もあれば，「合同会社」もあります（キャリアコンサルタントの方が立ち上げる会社は，合同会社も多い印象です）。

また，「会社」でない「一般社団法人」という法人をつくる例もあります（著者は「一般社団法人日本キャリア法務協会」の理事長を務めています）。

さらに，副業を推進する流れもあり，キャリア支援に関する事業を副業として始めることを考えておられる方も多いと思います。

現在企業内のキャリア支援者の方も，企業（会社）についての知識を増やす意味でも，会社や法人についての知識をつけていただきたいと思いいます。

※なお，本稿ではできるだけわかりやすくするため，特に嚙み
砕いた説明（法律的な厳密さよりも，理解のしやすさを重視
した説明）を心がけます。

解　説

1　「法人」とは（法人のメリット）

「法人」とは，法律上，私たちのような人間（自然人）と同じように
人格が認められ，独立の権利義務の主体となる団体のことをいいます。

「独立の権利義務の主体となる」ということは，法人が契約の主体と
なれる，ということです（実際に，キャリア支援者の方々も企業（会社）
という法人と雇用契約を結んだ経験をお持ちの方も多いと思います）。

法人には「取締役」や「監査役」といった，法人を構成する人間（自
然人）がいて，それら法人を構成する（「機関」といいます）自然人が，
法人の意思決定を行っています。

法人は自然人の集まりなので，自然人一人ひとりが持つ財産や知識が
法人に結集されているといえ，より事業を成功しやすくなるというメ
リットがあります。

このように，法人は社会で力と信用をもち，重要な存在であることか
ら，特に法人のことは法律でしっかりと定められています。

2　法人の種類

では，法人にはどのような種類があるのでしょうか。

簡単に整理をしますと，**営利を目的とする法人**（会社）と，**営利を目
的としない法人**（一般社団法人等）とに大きく分けられます。

ここで，後者の「営利を目的としない」というのは，法人の構成員
（機関）になって仕事をしても，全くお金を受け取れない，という意味

ではありません（法人の理事や取締役になっても，一切法人から利益を受け取ってはいけないという意味でとらえる方もいますが，そういう意味ではありません）。

詳しく説明しますと，例えば前者に含まれる株式会社であれば，事業のためにお金を出してくれる「株主」という投資家がいます。株式会社は，株主が出してくれたお金をもとに，取締役といった会社の機関が意思決定を行って事業を遂行し，得た利益の中から株主に配当という形で利益を分配します。このように，営利を目的とする法人とは，お金を提供してくれた人（投資家）に，事業で得た利益を分配して儲けさせてあげることを目的としている法人のことです。

よって，営利を目的としない法人といっても，投資家への利益の分配ができないだけであり，機関として仕事をしたら，報酬を受け取ることはできます。すなわち，営利を目的としない法人（一般社団法人等）であっても，利益を追求する事業を行って法人の理事（株式会社では「取締役」，一般社団法人では「理事」と呼び名が法律上変わると思ってください。両方とも法人の機関であることには変わりありません）として仕事をして，報酬を受け取ることは可能です。ただ，法人が得た利益を分配することができないだけです。

③　会社の種類

営利を目的とする法人には，株式会社の他に，合名会社，合資会社，合同会社が存在します。それぞれの違いについては，法人の中での意思決定の仕組みや，法人が赤字を出したときにどこまで責任を負わなければならないか，という点が異なると思っていただければ結構です。

❖ 法人の種類 ❖

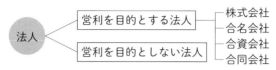

　また，株式会社についても，会社の出資者である株主が出資して得た株式について自由に第三者に譲り渡すことができるか否かにより「公開会社」と「非公開会社」に分かれたり，資本金や負債の額により「大会社」に該当したりと，色々な種類に分かれます。

　そして，どの種類に該当するか否かによって，「取締役」以外に「監査役」といった役員（機関）を置くことが必須かどうか，といった違いが出てきます。基本的には，資本を結集する度合いが高まって，社会的な責任も高まると，より多くの専門的な知識をもった人間に参画して貰わなければならなくなる，と思っていただければよいと思います。

　簡単に法人について説明してきましたが，キャリア支援者としてどのような事業を，どのような目的で行いたいのか，という観点から，法人の種類を選択していただければと思います。

　営利を目的とする株式会社等であれば，事業にお金を出せば，事業で出た利益から配当を受けられるということで，より多くの資本を結集し（お金を集めて），より大規模な事業をしやすくなります。

　一方で，人間（自然人）と同じように法人にも税が課されますが，税の額は営利を目的とする法人のほうが高く，法人を維持するコストは営利を目的とする法人のほうがかかるということもあります。

Q21 企業内キャリアコンサルタントです。「コンプライアンス」とは，どのようなものでしょうか？

コンプライアンス

キャリア支援者

企業内キャリアコンサルタントです。人事担当をしていましたが，勤務先でコンプライアンスの担当者に突然指名されました。コンプライアンスとはどのようなものでしょうか？

山田弁護士

「コンプライアンス」は，純粋に法律的な問題のみに関わる概念ではなく，法令を超えた社会規範や道徳，ステークホルダーの要請や倫理規定に適うことも含む概念です。

解 説

「コンプライアンス」とは，「法令等遵守」と定義されます。

すなわち，企業が法令を守る（遵守）だけにとどまらず，法令を超えた社会規範や道徳，ステークホルダー（利害関係者）の利益・要請に適う（遵守する）ように活動を行うことを求める概念です。

コンプライアンスの範囲には，法律だけにとどまらず，就業規則といった社内で決められたルールや社内規定といった社内のマニュアル，さらに倫理綱領といった職業上守るべき企業倫理・道徳規範のような象的かつ広範なルールをも遵守することが含まれます。例えば，25頁で述べた「マタハラ」の問題なども当然含まれます。

SNS等であっという間に評判が広がってしまう今，企業にとってコンプライアンスの重要性は増すばかりです。

(ここがポイント！①)　コンプライアンスが注目される理由

　なぜ近年コンプライアンスが注目されているのでしょうか。

　まず「CSR」（企業の社会的責任），すなわち，企業は自然人が集まり，富を結集した組織であるので，大きな社会的影響力を有し，社会的な責任を果たすことに対する要請が高まっているということが理由としてあります。社会的責任を果たすというのは，法令を守るのは当然として，企業倫理・道徳規範も遵守している必要がある，ということです。

　次に，企業は営利を追求する法人として，利益を上げることが社会的に求められる存在です。

　一部のステークホルダー（利害関係者）の方だけを向いて事業を行い，短期的な利益のみを無理に追求して業績拡大を志向した結果事業が破綻すれば，多方面に迷惑を掛けることになります。

　そこで，ステークホルダーの利益や要請に適う事業執行か否かといった視点もコンプライアンスで考慮する要素の一つとなります。

　コンプライアンスという言葉がよく使われ，注目されるのは，法律（法令）だけでなく，さまざまな要素を含んでいるからといえるでしょう。

(ここがポイント！②)　会社法上の「内部統制システム」

　コンプライアンスと類似の概念として株式会社における内部統制システム（リスク管理体制）の構築があります。

　内部統制システム（リスク管理体制）の構築については，取締役会で決定していく事項とされており（会社法362条4項6号），会社法上の「大会社」（会社法2条6項。資本金5億円以上，又は，負債200億円以上の会社）では，内部統制システム（リスク管理体制）の構築が義務

となっています。

　内部統制システム（リスク管理体制）の内容としては，例えば，「取締役の職務の執行が法令及び定款に適合することを確保するための体制」を構築することが挙げられます。

　このように，個々の取締役が法令に適合した職務執行をするように気を付けるだけでなく，それを組織として担保する仕組みを作ることが，会社法上義務付けられています（大会社）。

　こうして，社会で重要な地位を有する企業（株式会社）が，法律にしたがって適切に事業を行っていけるように法律上の定めがなされています。

Q22 企業内キャリアコンサルタントです。他社の個人情報漏洩事件を受け，情報管理の担当者に指名されたのですが… 情報に関する諸問題

キャリア支援者

企業内のキャリアコンサルタントです。最近流出が話題となる個人情報ですが，「我が社でも対策を講じてほしい」と上司から指示がありました。キャリア相談そのものでも個人情報を扱うので知っておきたいと思います。

また，「従業員による営業秘密の漏洩に関する対策の必要性が高まっているので，それらの漏洩事案にも備えるための方策を提案してほしい」と言われました。

山田弁護士

キャリア面談の場面でも，「これは営業秘密ですので」「個人情報なのでお話しできません」などという会話をすることがあると思います。ただ，それらがどのような内容を指すのかについてはあまり考えず，イメージで使っている人も多いと思われます。

企業が保有する個人情報や営業秘密の漏洩行為は，企業にとって大きなダメージとなります。独自の罰則に加えて損害賠償請求を受ける法的リスクがあるからです。

さらに，「個人情報」・「営業秘密」に該当しなくとも，人のプライバシー権を侵害するものとして，損害賠償請求を受けることもあります。

解　説

1 「個人情報」とは（個人情報保護法）

「個人情報」とは，以下のように定義されます。

> **●個人情報**
> 　生存する個人に関する情報であり，特定の個人を識別することができる一定の要件を満たす情報（個人識別情報）　　　　　　（個人情報保護法 2 条参照）。

個人識別情報の具体例としては，以下が挙げられます。

- 「氏名」「住所」「生年月日」といった情報
- 「個人情報と紐付く移動履歴」「個人情報と紐付く購買履歴」のような「他の情報と容易に照合することができ，それにより特定の個人を識別することができることとなるもの」
- 「指紋認識データ」，「顔認識データ」といった個人の身体の特徴をコンピュータの用に供するために変換した文字，番号，記号等の符号
- 「旅券番号」，「運転免許証番号」といった個人に割り当てられた番号，記号等の符号（個人識別符号）

2 個人情報漏洩により企業・従業員が負う責任

　個人情報の保有件数にかかわらず，個人情報データベース等を事業の用に供する者はすべて「個人情報取扱事業者」に該当します。

　「個人情報取扱事業者」に該当すると，利用目的の達成に必要な範囲を超えて個人情報を取り扱う場合には，次の義務を負います。

- あらかじめ本人の同意を得る義務（目的外利用の禁止）
- 違法な行為や不当な行為を助長したり誘発したりするおそれのある方法により個人情報を取り扱ってはならない義務（不適切利用の禁止）
- 取扱う個人情報の漏洩，滅失又はき損の防止その他の個人情報の安全管理のために必要かつ適切な措置を講じなければならない義務（安全管理措置を行う義務）
- その従業者に個人情報を取り扱わせるに当たり，安全管理措置を遵守させるよう，当該従業者に対し必要かつ適切な監督を行う義務（従業者への監督義務）
- 個人情報取扱事業者は，個人情報の漏洩，滅失，毀損，あるいはそのほか個人情報の安全確保がおびやかされるような事態が発生したときに，個人情報保護委員会（行政機関）に報告する義務と，本人に通知をする義務

　上記の個人情報保護法の義務に違反し，個人情報保護委員会の改善命令にも違反した場合，違反した個人には「１年以下の懲役または100万円以下の罰金」の刑事罰が課せられ，さらに，違反した法人に対しては「１億円以下の罰金」の刑事罰が科されます。
　さらに，個人情報の漏洩によって，個人に損害が発生した場合，不法行為として損害賠償請求を受ける危険性（従業員も企業も）もあります。
　また，従業員による個人情報の漏洩行為が名誉棄損罪に該当する場合には，別途，名誉棄損罪も成立しますし，プライバシー侵害になる場合には，プライバシー侵害を理由とする損害賠償の対象にもなります。

　個人情報の漏洩行為は，個人情報保護法に違反して罰則の適用を受ける危険性があるほか，同時に，漏洩の仕方によっては刑法上の名誉棄損罪に同時に該当したり，プライバシー侵害として損害賠償の対象となったり複合的な法的リスクを有することに注意が必要です。

ここがポイント！　**プライバシーの侵害とは**

「プライバシー」とは，「私生活をみだりに公開されないという法的保障ないし権利」（裁判例の定義）をいいます。

社会一般で，「個人情報だから」という場合には，個人情報保護法にいう「個人情報」である場合だけにとどまらず，「個人がみだりに他人に知られたくないと考える情報」，すなわち，「プライバシー権の対象となる情報」を含んでいる場合もあります。

いわゆる「個人情報の漏洩」という場合には，具体的な内容を見て，どのような法律に違反する可能性がある行為で，どのような法的リスクがあるのかを適切に把握して対処していくことが重要です。

また，個人が他人に知られたくない情報の漏洩は，社内でも起こりうることには注意が必要です。

例えば，人事部の社員が，業務上知り得た他の社員の昇進，昇給といった人事評価に関する情報を社内で本人の同意を得ずに話したり，休職・復職に関連する病歴を同意を得ずに話したりすることは，プライバシー侵害として不法行為に基づく損害賠償請求を受ける危険性があります。

※同意を得ずに話した社員が国家資格キャリアコンサルタントである場合，別途守秘義務違反に重ねて問われることになります。

③ 「営業秘密」とは

不正競争防止法という法律があり，事業者間の公正な競争を確保する等の目的を達成するため，企業の「秘密情報」（企業が事業活動の中で秘密として使用している技術上または営業上の秘密情報）を保護の対象としています。

　なぜなら，営業秘密は企業の長年のノウハウの集積であり，収益の根源となっていること，それが一度漏洩してしまった場合，事後に回復することが困難であると考えるからです。

　不正競争防止法上の「営業秘密」は，以下の3要件を満たす必要があります（不正競争防止法2条6項）。

①秘密管理性（秘密として管理されていること）
②有用性（有用な営業上または技術上の情報であること）
③非公知性（公然と社外で知られていない情報であること）

　例としては，顧客名簿や仕入れ先に関する情報といった取引先に関するものや，設計図といった技術に関するノウハウ等が挙げられます。

4 営業秘密漏洩により企業・従業員が負う責任

　従業員が自社の営業秘密を故意に競合他社に提供し，他社が当該秘密を用いて製品を開発する等した場合，当該従業員の行為は不正競争防止法上の営業秘密侵害行為に該当し，自社から損害賠償請求を受ける危険性があります。

　さらに，当該従業員は営業秘密侵害罪（不正競争防止法21条）に該当するものとして，10年以下の懲役刑又は2000万円以下の罰金刑に科される危険性があります。

　加えて，当該従業員の行為を他社（企業）も知っていた場合，他社（企業）に対しても，最大10億円以下の罰金（不正競争防止法22条）が科される危険性があります。

　また，従業員による営業秘密の漏洩があった場合，企業にレピュテーションリスク（「レピュテーション」とは「評判」のことをいい，評判が低下することによる経営リスクをいいます）があることはいうまでもありません。

Q23 寮付きの転職先を探す相談者。同居の恋人による暴力で困っているようなのですが… DV防止法

キャリア支援者

> DVから逃れて寮等の住居付きの職場を探している相談者です。最初は転職相談だと思ったのですが，大きな問題がありそうです。

事 案

　Kさん（30代女性）が転職の相談のために来所されました。Kさんのご希望は，とにかく急いで，寮等の住居付きの職場に採用されたいというものでした。

　Kさんのご家族の話を聞いていくと，離婚歴があり，親権を有する小学生の子ども（11歳）と暮らしているとのことでした。さらに生活状況を聞いていくと，Kさんと同い年の男性とも同居しているとのことです。その男性とは，婚姻はしておらず，恋人関係で同棲している状況とのことでした。

　そのような生活状況にあって，なぜ住居付きの職場に転職して今の家を出たいのかを聞いたところ，長い沈黙の後，同居している男性から日常的に暴力を受けたり，脅迫されたりしており，そのような状況から抜け出したいと思っていることがわかりました。

　Kさんは，同棲している恋人からの暴力は，婚姻関係にある男女の場合と異なり，いわゆるDVとして法律で保護してもらえるとは思っていないといい，法律に頼ろうとは考えていないそうです。また，小学生の子どもに対して仕返しされることは何としても避けたいと考えていて，警察に相談することも，怖くてしていないそうです。何とか恋人を刺激しないように，転職して恋人から距離をとって，暴力や脅迫を受けない環境で人生をやり直すことだけを考えているようです。

山田弁護士

Kさんは，転職の相談に来ていますが，実はDVから逃げるための手段を求めて，面談に来ているようですね。

DVの加害者は被害者に対して強い支配欲を有するのが一般的であり，被害者が加害者の思い通りにならないと考えたら，生命，身体に対する危険が生じる事態になりかねません。

転居先を見つけて逃げられればよい，というだけでなく，加害者による追跡や，被害者本人だけでなく，その子どもや親族に対する攻撃も防止できるよう，法律的な支援を受けておく必要性が高くなります。

職業人としての人生やなりたい自分を考えるにあたっては，自身と親族の身の安全が確保できていることが大前提です。

解　説

1 婚姻関係にない男女間にもDV防止法は適用されうる

「DV防止法」（正式名称は「配偶者からの暴力の防止及び被害者の保護に関する法律」）は，DVの被害者を保護するため，裁判所が保護命令（加害者に対し，被害者につきまとい等の行為を禁ずる内容の命令）を発令することができるものとしています。

正式名称には配偶者という言葉が用いられているものの，婚姻関係にない男女間のDVであるからといって，即不適用となるものではありません。

事実婚関係の男女間のDVにも適用されるのはもちろん，恋人関係にある男女間であっても，生活の本拠を共にしている関係にある者の間の，デートDV（交際相手暴力）であれば，DV防止法の適用対象となります。

2　保護命令の内容

　DV防止法に基づく保護命令の内容は，裁判所から加害者に対して発令されます。

①接近禁止命令
②退去命令（生活の本拠としている住居からの短期間の）
③電話等禁止命令
④被害者の子への接近禁止命令
⑤被害者の親族その他被害者と社会生活において密接な関係を有する者への禁止命令

　被害者本人に対する接近禁止はもちろん，子どもへの接近禁止についても命令の対象であるのがポイントです。保護命令に違反した場合，加害者には刑事罰（1年以下の懲役又は100万円以下の罰金）が科されます。

3　保護命令発令の要件

　保護命令は，以下の要件をみたす場合に発令されます。

①夫婦関係継続中（事実婚，生活の本拠を共にしている恋人を含む）に，身体に対する暴力や生命，身体に対する脅迫があること
②今後，身体に対する暴力を振るわれて生命や身体に重大な危害を受けるおそれが大きいこと

　暴力や脅迫（上記①）は，暴力的な性行為や，PTSD等といった精神疾患を発症するような精神的な攻撃行為も含みます。

4 DV被害者の保護に関する手順

保護の手順としては，以下のようになります。

（ⅰ）弁護士，警察，配偶者暴力相談支援センター等に相談
（ⅱ）加害者と同居していた住居を出てシェルターに避難
（ⅲ）保護命令の発令
（ⅳ）弁護士を通じて離婚等を実現するための交渉

　　本件のKさんは，自身で住居付きの転職先を見つけるよりも，まずは子どもを連れてシェルターに避難して，保護命令の発令を経てKさんと子ども，親族の安全を確保するのが第一です。
　　弁護士が加害者と交渉している間に転職先を冷静に検討して選択するという手順を経るべきでしょう。

Q24 転職のストレスで児童虐待？ 相談者の子どもの腕に大きなアザがあるのが気にかかります…

児童虐待と守秘義務

キャリア支援者

私は人材関係の会社に勤務するキャリアコンサルタントです。キャリアに関する専門家として，日々転職を希望している方と面談し，相談を通じて適職とのマッチングを支援しています。

ある時，私は30代女性の相談を担当することになりました。相談者は離婚後子ども（5歳）を育てながら暮らしているシングルマザーで，正社員で採用されることを希望して転職活動を行っています。元々専業主婦でしたが，離婚を機に製造業の会社の一般事務職である派遣社員として働き始めました。派遣での働き方に不安を覚えて，正社員への転職を希望していますが難しく，既に転職活動をしている期間も6か月を超えて長期化してきています。

ある日私は，相談者がキャリア相談に訪れる際に連れてきたお子さんの上着の袖がめくれた時に，腕にアザがあることに気付いたことがありました。その時には指摘することはありませんでしたが，記憶に残りました。

その後，キャリア相談を実施していく中で，相談者は私に対して，「転職がうまくいかず，何度も面接で落とされることにストレスを強く感じていて，時々自宅で幼い子供に当たってしまうことがある」と語りました。

そして，今日行ったキャリア相談では，「子供を叩いたり，時に刃物を向けてしまうような時もある」と言って，暗い表情をして俯いていました。

私は，彼女の思い詰めた様子に，話しかけることができず，無言で長時間向き合っていました。どのような対応をとるべきでしょうか？

山田弁護士

キャリア支援者は，幼い子を育てながら就職・転職活動を行う相談者を支援する場合など，児童の生活状況をも把握しながらキャリアについて考えていく必要のあるときもありますね。

児童虐待が疑われる事案に遭遇した際には，どのような対応を執る必要があるかを事前に把握しておく必要があります。

国家資格キャリアコンサルタントは法律上の守秘義務を負っていますが，児童虐待の防止等に関する法律は児童虐待を発見した場合，児童相談所等へ通報（通告）する場合には守秘義務が及ばず，通報（通告）する義務があると明示しています。

解　説

1　「児童虐待」とは

　「児童虐待」とは，保護者がその監護する児童，すなわち18歳に満たない者に対して，①身体的虐待，②性的虐待，③ネグレクト，④心理的虐待といった，心身の成長や人格の形成に悪い影響を与える行為を行うことをいいます。

●児童虐待の定義

第二条 この法律において,「児童虐待」とは,保護者（親権を行う者,未成年後見人その他の者で,児童を現に監護するものをいう。以下同じ。）がその監護する児童（十八歳に満たない者をいう。以下同じ。）について行う次に掲げる行為をいう。

一　児童の身体に外傷が生じ,又は生じるおそれのある暴行を加えること。

二　児童にわいせつな行為をすること又は児童をしてわいせつな行為をさせること。

三　児童の心身の正常な発達を妨げるような著しい減食又は長時間の放置,保護者以外の同居人による前二号又は次号に掲げる行為と同様の行為の放置その他の保護者としての監護を著しく怠ること。

四　児童に対する著しい暴言又は著しく拒絶的な対応,児童が同居する家庭における配偶者に対する暴力（配偶者（婚姻の届出をしていないが,事実上婚姻関係と同様の事情にある者を含む。）の身体に対する不法な攻撃であって生命又は身体に危害を及ぼすもの及びこれに準ずる心身に有害な影響を及ぼす言動をいう。第十六条において同じ。）その他の児童に著しい心理的外傷を与える言動を行うこと。　　　　　　　　（児童虐待の防止等に関する法律2条）

② 児童虐待は法律上禁止されていること

　児童虐待を行うことは,法律（児童虐待の防止等に関する法律）上,禁止されます。

●児童に対する虐待の禁止

第三条 何人も,児童に対し,虐待をしてはならない。

（児童虐待の防止等に関する法律3条）

③　児童虐待を発見した場合の通報義務（守秘義務の例外）

　法律（児童虐待の防止等に関する法律）上，誰であっても児童虐待を発見した場合には児童相談所等へ通報する義務を負います。

　国家資格キャリアコンサルタントも上記通報義務を負うため，キャリア相談を通じて児童虐待行為を知った場合等，守秘義務の対象となる行為によって知った場合にも通報義務を負うかどうかが問題となり得ます。

　ここで，以下が明示されています。

> **●守秘義務の例外**
>
> 　守秘義務に関する法律の規定は，第一項の規定による通告をする義務の遵守を妨げるものと解釈してはならない。
>
> （児童虐待の防止等に関する法律6条3項）

　すなわち，キャリアコンサルタントが負う法律上の守秘義務よりも，児童虐待の通報義務の方が優先されます。

> **●児童虐待に係る通告**
>
> **第六条**　児童虐待を受けたと思われる児童を発見した者は，速やかに，これを市町村，都道府県の設置する福祉事務所若しくは児童相談所又は児童委員を介して市町村，都道府県の設置する福祉事務所若しくは児童相談所に通告しなければならない。
> 　2　前項の規定による通告は，児童福祉法第二十五条第一項の規定による通告とみなして，同法の規定を適用する。
> 　3　刑法（明治四十年法律第四十五号）の秘密漏示罪の規定その他の守秘義務に関する法律の規定は，第一項の規定による通告をする義務の遵守を妨げるものと解釈してはならない。　（児童虐待の防止等に関する法律6条）

　本件では，キャリア相談を通じて5歳という18歳未満の者の「腕にアザ」があることを発見し，かつ，監護する保護者である相談者が「子供を叩いたり，時に刃物を向けてしまうような時もある」と供述するのを聞いています。

　上記の事情からすると，このキャリアコンサルタントは身体的虐待である児童虐待を発見した者にあたり，児童相談所等へ通報（通告）する義務を負っていることになります。

　なお，当該児童虐待はキャリア相談で知り得た相談者の行為であり，国家資格キャリアコンサルタントは法律（職業能力開発促進法第30条の27第2項）上守秘義務を負う事柄であって，相談者により守秘義務の解除（通報することの同意）はなされていない場合にあたりますが，児童虐待の防止等に関する法律6条3項により，児童相談所等へ通報を行っても守秘義務に反しないことになります。

Q25 フリーでキャリアコンサルタントをしています。業務委託契約書とは，どのようなものでしょうか？ 契約書

キャリア支援者

私は，フリーの立場でキャリアコンサルタントとして働いています。業務委託を受けるにあたり，今まではよくわからないまま取引先の会社が提供する契約書にサインをしていました。

しかし，最近は仕事のオファーが増え，自分だけでは対応できないレベルになってきたことから，会社を作り，社外講師に業務委託して講義事業を展開していこうとも考えています。そこで，業務委託契約書を自ら作成しようとしたのですが，どのような条項を盛り込めばよいかわからず困っています。これを機会に業務委託契約書についてしっかり知りたいと考えています。

山田弁護士

キャリア支援者，特にフリーの立場のキャリア支援者が仕事をしていく上で，業務委託契約を交わす際の契約書の内容を理解することは重要です。

なぜなら，契約書には業務委託契約の内容という重要なことが詳細に記載されているからです。

社会通念上，契約書に押印したということは，契約内容を理解し合意していると考えられます。つまり，契約書に目を通さずに契約の当事者（業務委託契約で言うと，「業務を委託する人」と「業務を受託する人」）が契約書に署名・押印して契約を成立させることはないという前提で考えられています。

　よって，契約書に署名・押印すれば，その契約書の内容どお
　りに契約をしたということが強く推認されます。
　後でトラブルになった時に，契約書の内容に沿った主張が認
　められやすくなる，すなわち契約書は強い証拠となるという
　ことです。
　契約書にどのような内容を書くかを考えるにあたっては，契
　約内容がどちらに有利かということなども考えなければなり
　ませんし，後にトラブルになった際の有利不利も考慮して，
　文言ひとつまで気を配る必要があります。
　また，契約は当事者双方が合意しなければできないので，署
　名・押印に至るまで，契約書の内容や文言をめぐって，交渉
　が行われます。このような契約交渉に，法律知識が必要なの
　はもちろんです。
　以下で，業務委託契約書の主な条項について説明していきま
　す。

解　説

　以下に掲載する業務委託契約書の例をベースに，業務委託契約にあ
たって必要な法律的視点について挙げていきます。

業務委託契約書

○○○○（以下，「甲」※1 という。）と○○○○（以下，「乙」※1 という。）は，
以下のとおり合意し，この契約（以下，「本契約」という。）を締結する。

第1条（業務の委託）※2
1　甲は，乙に対し，以下に定める業務（以下，「本業務」という。）を委託し，
　乙はこれを受託する。なお，本業務の詳細な内容は別紙により定める。
　（1）キャリアコンサルティングに関する業務

（2）　キャリア教育に関するセミナー等の企画及び運営に関する業務

                               ⋮

2　本業務の履行期間は，○年○月○日から○年○月○日までとする。

3　甲は，必要があると認めたときは，乙と協議の上，本業務の内容又は履行期間を変更することができる。

第2条（業務の遂行）※3

1　乙は，本業務を，本契約の趣旨に従い，善良な管理者の注意をもって遂行する。

2　乙は，本業務を遂行するに当たって，関連する法令を遵守する。

第3条（報告）※3

1　乙は，甲に対し，本業務の履行期間中，毎月末に本業務の履行状況を書面にて報告する。

2　甲は，前項の場合のほか，本業務に関して必要があるときは，乙に対していつでも履行状況の報告を求めることができる。

第4条（報告書の提出）※3

　乙は，本業務の履行期間の末日までに，甲の指示する様式により，本業務の成果をまとめた報告書（以下，「業務報告書」という。）を甲に提出しなければならない。

第5条（報酬及び経費負担）※4

1　甲は，乙に対し，本業務の対価（以下，「契約金額」という。）として，金○円（消費税別）を支払う。

2　甲は，前項に定める契約金額のほか，本業務を遂行するために乙が支出した費用を，乙の請求に応じて支払う。ただし，この場合に甲が支払義務を負う費用は，支出前に甲乙協議の上，甲が本業務の遂行に必要と認めたものに限る。

第6条（支払方法）※4

1　乙は，第4条に基づき業務報告書を提出し，甲の承認を得た後，速やかに，甲に対し前条第1項に定める契約金額及び振込先を記載した請求書を発行する。

2　甲は，前項に基づく請求書を受領した日から30日以内に，乙に対する支払を行う。なお，振込手数料は甲の負担とする。

第7条（再委託）※5

1　乙は，本業務の全部又は一部を第三者に再委託してはならない。ただし，本業務の遂行上やむを得ないと認められる場合において，事前に協議の上，甲の書面による承諾を得たときはこの限りではない。

⋮

第8条（秘密保持）[※6]

1　甲及び乙は，本契約の存在及び内容，並びに本契約の締結及び履行に関連して知り得た相手方の技術上又は営業上の情報（以下，併せて「秘密情報」という。）を，相手方の書面による事前の承諾を得ない限り，第三者に開示し若しくは漏洩し，又は本契約の目的以外に使用してはならない。ただし，以下の各号のいずれかに該当する情報は，秘密情報に含まれないものとする。

（1）　開示を受けた時に既に保有していた情報

（2）　開示を受けた後，秘密保持義務を負うことなく第三者から正当に入手した情報

⋮

第9条（競業禁止）[※6]

　　乙は，本業務の履行期間中，事前に甲の書面による承諾を得ることなく，甲と同種の事業を営む事業者に対して，本業務と同一又は類似した業務を提供してはならない。

第10条（解除）[※7]

1　甲及び乙は，相手方が本契約に違反し，催告後2週間経過しても是正されない場合は，本契約を解除することができる。

2　甲及び乙は，相手方に次の各号に定める事由の1つが生じたときは，直ちに本契約を解除することができる。

（1）　支払の停止又は破産手続開始，民事再生手続開始，会社更生手続開始若しくは特別清算開始の申立てがあったとき

⋮

第11条（損害賠償）[※8]

1　甲及び乙が，自らの責めに帰すべき事由によって本契約に違反し，相手方に損害を与えた場合は，その損害を賠償しなければならない。

⋮

第12条（反社会的勢力の排除）[※9]

1　甲及び乙は，それぞれ相手方に対して，次の各号の事項を確約する。

（1）　自ら若しくはその子会社が，暴力団，暴力団関係企業，総会屋若しくはこれらに準ずる者又はその構成員（以下，併せて「反社会的勢力」という。）ではないこと

⋮

第13条（合意管轄）[10]

　本契約に関する一切の紛争は，大阪地方裁判所をもって第一審の専属的合意管轄裁判所とする。

第14条（協議）[10]

　甲及び乙は，本契約に定めのない事項及び本契約に関する解釈上の疑義については，誠実に協議の上，解決するものとする。

　本契約の成立を証するため，本書2通を作成し，甲乙記名押印の上，各1通を保有する。

[11]

　　　○年○月○日

　　　　　　　　　　　　甲（住所）

　　　　　　　　　　　　　（氏名）　　　　　　　　　　　　　印

　　　　　　　　　　　　乙（住所）

　　　　　　　　　　　　　（氏名）　　　　　　　　　　　　　印

※1　「甲」・「乙」

　契約書上，双方の当事者を「甲」や「乙」などと表記し，そのことを冒頭で宣言します。

　3人目以降の当事者がいる場合，「丙」，「丁」…と続いていきます。

※2　第1条（業務の委託）

　契約書の第1条第1項には，この契約書が業務委託契約の契約書であること，また，今回の契約でいう「業務」とは何か，といった契約の基

本的事項を記載します。

　同条第2項には，契約の期間が記載され，第3項では，業務の内容や契約の期間を契約後に協議して変更できることを定めています。

※3　第2条〜第4条（業務の遂行・報告・報告書の提出）

　第2条は委託された業務を行う際の注意義務や，法令に違反しないで行う義務について記載しています。

　第3条は委託された業務の遂行状況について，委託者甲が報告を求めることができ，受託者乙に報告義務がある旨記載しています。

　第4条は業務期間が終了する際に，業務報告書を提出して総括的な報告をする義務について記載しています。

　これらの注意義務や報告義務を受託者乙に課すことで，適切に業務を行ってもらえるようにしているわけです。

※4　第5条（報酬及び経費負担），第6条（支払方法）

　第5条は報酬と経費負担について記載しています。報酬の金額は受託者乙にとって，最重要の条件でしょう。

　また，経費についても委託者甲と受託者乙のどちらが負担するかは，個別の契約によって定めが異なります。本契約書例では，委託者甲が経費を負担し，ただし経費の内容は委託者甲が事前に必要と認めた範囲に限るとして，一定の制約をかけて，両当事者の利害を調整しています。

　第6条は，報酬と経費の支払条件として，受託者乙が業務報告書（第4条）を提出すること，請求書を作成して支払いを請求する必要があること等支払の手続的な内容を定めています。

※5　第7条（再委託）

　第7条は，受託者乙が第三者に業務を再委託することについて，原則として禁止し，例外的に許すという記載をしています。

　業務委託契約は，委託者が特に委託する相手を選んで業務を託すという内容の契約です。そこで，受託者が簡単に変わってしまうことのないような記載内容となっています。

　ただし，受託者乙が絶対に第三者に再委託できないとすると，それはそれで業務に支障が出ることがあるので，例外的に認める余地を記載してバランスをとっています。

※6　第8条（秘密保持），第9条（競業禁止）

　第8条は守秘義務を，第9条は競業避止義務を受託者乙に課す記載です。

　受託者乙は，委託者甲の営業上の秘密を知ることが考えられます。そのような，営業上の秘密を知った者がその秘密を利用して自分で営業した場合，委託者甲の利益が害されることになってしまいます。

　そこで，受託者乙は第三者に知り得た秘密を漏らしてはならないこと，また，同種の事業をして委託者甲の利益を害さないよう，義務を記載しています。

※7　第10条（解除）

　第10条は，当事者の一方が契約書で定められた義務に違反した場合，他方の当事者が契約を解除し，契約関係から離脱できる権利を記載しています。

　義務違反内容の重さに応じて，すぐに解除できるか，一定期間是正を求めても是正しない場合に解除できるか，が区別される形で記載され，ここでもバランスが図られています。

※8　第11条（損害賠償）

　第11条は，契約当事者が義務違反をし，他方の当事者に損害を与えた場合，損害賠償（損害を填補するに足る金銭の支払い）を行う義務を負う

旨記載しています。

　当事者が契約書に定められた義務を守ることが前提ですが，万が一守られなかった場合にも，損害を賠償する義務を定めておくことで，当事者の利益を守るようにしています。

※9　第12条（反社会的勢力の排除）

　第12条は，契約当事者が互いに反社会的勢力でないことを保障し，反社会的勢力と繋がりがあれば，契約を解除し，損害賠償を請求できることを記載しています。

　そもそも，現代の社会において反社会的勢力との関係を継続していれば，企業や個人の「レピュテーション・リスク（信用やブランド価値低下のリスク）」となり，事業自体の命運を左右するような弱点になりかねません。

　そこで，契約相手が反社会的勢力である場合に，直ちに契約解除を可能とする定めを置くに越したことはありません。

※10　第13条（合意管轄），第14条（協議）

　第13条は，本契約に関して争いが生じ，裁判所に訴え（訴訟）を提起する場合には，特定の裁判所で審理を受けることとする合意を記載しています。

　このような合意も，法律上有効とされています。なぜなら，契約の相手が遠隔地に居住している場合，相手に近い裁判所で手続が行われるとなると費用面等で不利になります。

　そこで，契約の段階で自身に有利になるよう，自身の住所に近い裁判所で手続を行うとする内容をあらかじめ契約段階で契約書に入れておくということが行われています。

　第14条は契約書に記載がない事項，解釈の余地が生じた場合には，協議をする義務を記載しています。

　このような協議をする義務は，協議をしなければ即義務違反として解除までできる義務とは少し性質の違う，「努力義務」（協議する努力をする義務）を定めたものと解するのが一般的です。

※11　住所，氏名の記載，押印，契印，割印

　契約書を作成する際には，最後に当事者が住所，氏名を記載して押印するのが一般的です。

　住所，氏名の記載は，自書で行う「署名」か，自書でなく印刷やゴム印等の「記名」で行う場合があります。「記名」の際には，当事者が自分で書いたのではないので，筆跡等で真贋を判断することができません。そこで，「記名」の場合には印鑑の押印とセットでなければ効力を認めないという見方が強いです。

　また，押印は印鑑登録された「実印」で行い，契約書に実印の印鑑登録証明書を添付する場合もあります。

　さらに，契約書のページが複数の場合，ページとページの間に跨るように押印する「契印」を行うこともあります。

　加えて，契約書は当事者の数だけ作成されるのが一般的ですが，複数の契約書同士に跨るように押印する「割印」を行うこともあります。

　契約書は非常に重要な書面なので，契約書を作成する際には，弁護士等の法律の専門家に依頼して作成してもらったり，自身で作成する際にも，内容のチェックを依頼することをおすすめします。

148

索　引

■英　数

CSR …… 123
DV防止法 …… 131

■あ　行

アカデミックハラスメント …… 42
アカハラ …… 42
安全配慮義務 …… 48
育児介護休業法 …… 28, 29
居所指定権 …… 65
委任 …… 22
請負 …… 22
営業秘密 …… 128

■か　行

解雇 …… 50
開示請求 …… 99
解除 …… 87
家族法 …… 85
株式会社 …… 120
株主 …… 120
仮差押え …… 62
仮処分 …… 62, 99
監護親 …… 57
行政 …… 68
強制執行 …… 61, 107, 110
強制執行認諾文言付公正証書 …… 110
行政書士 …… 12
行政処分 …… 5, 93
業務委託 …… 21
刑事告訴 …… 100
刑事罰・刑罰 …… 5, 92
契約 …… 19, 85

■さ　行

公開会社 …… 121
合資会社 …… 120
公正証書 …… 110
合同会社 …… 120
公認会計士 …… 12
公法 …… 53, 69
合名会社 …… 120
拘留又は科料 …… 101
個人再生手続 …… 79
個人識別情報 …… 126
個人情報 …… 126
個人情報取扱事業者 …… 126
雇用契約 …… 19, 86, 103
婚姻から生ずる費用 …… 57
婚姻費用 …… 56, 58
婚姻費用分担請求 …… 57
コンプライアンス …… 122

債権 …… 85
債権回収 …… 108
再建型 …… 78
債権執行 …… 61
債権者 …… 86
債権法 …… 85
財産管理権 …… 65
財産分与 …… 56, 58
財産法 …… 85
最低賃金法 …… 105
債務 …… 85
債務者 …… 86
債務不履行 …… 87, 94
債務不履行責任 …… 36

債務名義 …………………… 109
詐欺 ………………………… 54
削除仮処分 ………………… 99
三六協定 ……………… 45, 46
三権分立 …………………… 68
時効 ………………………… 114
示談交渉 …………………… 100
児童虐待 …………………… 135
私法 …………………… 53, 69
司法 ………………………… 68
司法書士 …………………… 12
社会保険労務士 …………… 13
住宅資金特別条項（住宅ローン特則）
 ……………………………… 79
取得時効 …………………… 114
守秘義務 ……………… 4, 91
償還免除 …………………… 75
使用者責任 ………………… 36
条文 ………………………… 14
消滅時効 …………………… 114
職業許可権 ………………… 65
所有権留保 ………………… 109
人格権 ……………………… 35
親権 ………………………… 64
親権の喪失 ………………… 67
親権の停止 ………………… 67
親権の濫用 ………………… 67
審査請求 …………………… 93
身上監護権 ………………… 65
信用失墜行為 ……………… 4
生活保護 ……………… 72, 73
正規 ………………………… 18
正規雇用（正社員） ……… 20
清算型 ……………………… 78
正社員 ……………………… 18
税理士 ……………………… 13
セクシャルハラスメント … 34

セクハラ …………………… 34
セクハラ防止指針 ………… 35
前科 ………………………… 93
訴訟 ………………………… 10
損害賠償 ……………… 54, 86
損害賠償請求 ………… 5, 35

■た　行
大会社 ……………… 121, 123
代理交渉 …………………… 10
短期消滅時効 ……………… 115
男女雇用機会均等法 … 29, 35
担保 ………………………… 109
懲役刑 ……………………… 92
懲戒解雇 …………………… 50
懲戒権 ……………………… 65
調停 ………………………… 10
聴聞 ………………………… 93
賃金 ………………………… 104
賃金債権 …………………… 115
賃金の支払に関する原則 … 105
通報義務 …………………… 137
動産執行 …………………… 61

■な　行
内部統制システム ………… 123
任意整理 …………………… 82

■は　行
売買契約 …………………… 86
派遣 …………………… 18, 20
破産 ………… 72, 74, 78, 84
罰金 ………………………… 54
罰金刑 ……………………… 93
発信者情報消去禁止の仮処分 … 100
発信者情報の開示請求 …… 98
ハラスメント ……………… 34

パワーハラスメント ……………… 34
パワハラ …………………………… 34
パワハラ防止法 …………………… 39
判例 ………………………………… 28
非公開会社 ………………………… 121
非正規 ……………………………… 18
非正規雇用 ………………………… 20
侮辱罪 ……………………………… 101
不正競争防止法 …………………… 128
普通解雇 …………………………… 50
物権 ………………………………… 85
物権法 ……………………………… 85
不動産執行 ………………………… 61
不法行為 ……………………… 35, 86, 94
プライバシー ……………………… 128
不利益処分 ………………………… 93
弁護士 ……………………………… 12
法人 ………………………………… 119
法定労働時間 ……………………… 44
法テラス ……………………… 9, 72, 75
法律 ………………………………… 8
保護命令 ……………………… 131, 132
保全 ………………………………… 113

■ま 行
マタニティハラスメント ………… 26

マタハラ ……………………… 25, 26, 29
マタハラ防止指針 ………………… 30
民事再生 …………………………… 84
民事再生手続 ……………………… 78
民事法律扶助 ……………………… 75
民事保全 …………………………… 62
民法 ………………………………… 85
民法415条 ………………………… 94
名誉棄損罪 ………………………… 101
免責 ………………………………… 74

■や 行
養育費 ………………………… 56, 58
養育費請求 ………………………… 57

■ら 行
立法 ………………………………… 68
レピュテーションリスク ………… 129
労働関係訴訟 ……………………… 51
労働基準法 ………………………… 44
労働契約 …………………………… 103
労働施策総合推進法 ……………… 39
労働者 ………………………… 103, 104
労働者性 …………………………… 23
労働審判 …………………………… 51
労働審判員 ………………………… 51

【著者紹介】

山田英樹 (やまだ・ひでき)

大阪市出身。
弁護士，国家資格キャリアコンサルタント。一般社団法人
日本キャリア法務協会理事長。
早稲田大学人間科学部卒業，神戸大学大学院経済学研究科
博士課程前期課程（社会人コース）中退。
司法試験予備試験，司法試験合格。最高裁判所司法修習生
修了。キャリアコンサルタント養成講座（LEC）修了。
勤務弁護士を経て，「上町総合法律事務所」設立。
相続・事業承継分野，労働関係を中心とする企業法務分野，
不動産関係分野を中心に弁護士業に従事しつつ，企業・行
政機関において研修講師や面談担当者等，キャリアコンサ
ルタントとしてのサービスも提供し，クライアントと伴走することに主眼を置いた法律支
援サービス，キャリア支援サービスを提供している。

神戸大学法科大学院リーガルフェロー（令和元年〜令和3年），大阪市立学校（中学校）学
校協議会委員，日本プロ野球選手会公認代理人。
日本キャリア教育学会，法と教育学会，民事信託士協会，大阪商工会議所会員。
商工会議所認定メンタルヘルスケア・マネジメント検定Ⅱ種合格，
進路アドバイザー検定合格。

（一般社団法人日本キャリア法務協会ホームページ：https://career-law.com/）

これだけは知っておきたい

キャリア支援者の法律ガイドQ&A25

2022年12月25日　第1版第1刷発行

著　者　山　田　英　樹
発行者　山　本　　継
発行所　㈱中央経済社
発売元　㈱中央経済グループ
　　　　パブリッシング

〒101-0051　東京都千代田区神田神保町1-31-2
電話　03 (3293) 3371（編集代表）
　　　03 (3293) 3381（営業代表）
https://www.chuokeizai.co.jp
印刷／㈱堀内印刷所
製本／㈲井上製本所

ⓒ 2022
Printed in Japan